构建大型银行开放平台系统智能运维体系研究

Constructing Intelligent Operation and Maintenance Framework on Open System of Large Commercial Banks

徐丽俊　著

上海交通大学出版社
SHANGHAI JIAO TONG UNIVERSITY PRESS

内容提要

　　本书主要介绍了大型商业银行开放平台系统高效、智能的运维体系，包括基础架构建设、运维治理模型和风险防控体系设计。系统在成本约束下能够满足内外部客户的需求和监管对业务连续性的要求，同时，还具有高可用性以及智能应对突发事件、动态调度各类应急资源、实时恢复业务的能力，满足银行风险管理的要求。

　　本书适合大型商业银行数据中心系统运维人员、软件开发中心系统开发人员、商业银行管理人员以及银行监管和审计人员阅读和参考。

图书在版编目（ＣＩＰ）数据

构建大型银行开放平台系统智能运维体系研究 /
徐丽俊著. —上海：上海交通大学出版社，2018
ISBN 978 - 7 - 313 - 20030 - 3

Ⅰ.①构… Ⅱ.①徐… Ⅲ.①电子银行–研究–中国
Ⅳ.①F832.29

中国版本图书馆 CIP 数据核字（2018）第 199486 号

构建大型银行开放平台系统智能运维体系研究

著　　者：徐丽俊			
出版发行：上海交通大学出版社	地　　址：上海市番禺路 951 号		
邮政编码：200030	电　　话：021 - 64071208		
出版人：谈　毅			
印　　刷：常熟市文化印刷有限公司	经　　销：全国新华书店		
开　　本：710mm×1000mm　1/16	印　　张：12		
字　　数：172 千字			
版　　次：2018 年 10 月第 1 版	印　　次：2018 年 10 月第 1 次印刷		
书　　号：ISBN 978 - 7 - 313 - 20030 - 3/F			
定　　价：52.00 元			

前　言

Preface

　　我国银行业信息化建设在过去几十年中取得了巨大的成绩。开放平台系统作为信息化的基础性设施,因其具有开发周期短、架构灵活易扩展、技术更新快、性价比高等优点,在银行业中得到广泛应用,数量规模不断壮大。随着大型商业银行全国数据大集中的完成,大型开放平台的运维面临着需求多样化、对象复杂化、模式集中化、风险集中化的形势。一方面,随着互联网金融和大数据浪潮的兴起,开放平台技术不断更新,对系统运维管理提出了新的需求;另一方面,公众对金融服务的全天候需求与监管机构日益严格的监管要求,对银行业的业务连续性提出了更高要求。大型银行开放平台的运维工作面临着严峻挑战,如何科学、高效、智能地运维开放平台,满足内外部对业务连续性的要求,成为值得深入研究的课题。

　　由此,原中国银行业监督管理委员会(以下简称"银监会")根据《银行业信息科技风险管理课题研究管理办法》和《中国银监会办公厅关于银行业信息科技风险管理客体研究立项事宜的通知》,要求五大国有银行及部分股份制商业银行立项并开展相关课题研究,银监会高层指导委员会办公室联合北京银监局共同开展严格的课题验收工作。

　　本书的研究秉承银监会信息科技风险管理课题的指导思想开展工作,结合开放平台系统运维特点,分析了大型银行开放平台运维面临的六大挑战:交易量增长快、系统异构性强、监控工具割裂、运维自动化不够、技术演进快和监管要求严。由于系统的高可用和业务连续性是衡量运维质量的重要标准,本书通过系统运维方法和智能技术革新的研究,提出了开放平台基础架构的高可用建设思路。在此基础上,梳理了开放平台的运维对象及其特点,明确了运维体系的设计目标、原则与建设内容,设计了符合大型银行特点的运维体系整体架构,包括开放平台治理模型、应急管理体系和风险防控体系等。

特别是在应急管理体系设计中,创新地依据管理学理论和系统工程理论,同时基于应急管理的多主体理论、信息多向交叉沟通机制和信息资源管理理论,统筹规划、综合协调多部门配合与冲突解决机制,建立了智能应急风险管理的关键要素分析智能模型。风险应急事件一般可分为潜伏期和发生期两个时期,相应的,将应急风险管理划分为应急潜态和应急显态两个过程。应急风险管理模型有应急准备、监测预警、应急响应和善后处置四大基本功能,分别体现在各个管理过程中。以事前应急事件风险评估为基础,建立完善的综合应急预案,通过应急事件的预测预警模型实现应急管理快速响应;通过生产运维视图的建立实现应急事件快速精确定位;进一步利用辅助决策和全局资源调度,实现应急恢复等快速处置;同时引入应急评估方法全面评价应急管理绩效,明确奖惩措施,达到总结回顾和提升的目的,实现风险管理自动化、智能化。本书的研究荣获银行业科技风险管理课题三类成果奖。

本书是基于大型商业银行总行开放平台系统的运维实际,通过理论化的运维体系构建指导实际运维工作。目前,提出的相关运维理念和运维成果已经应用于实际工作,取得了较好的成效,主要应用成果包括以下四个方面。

(一)开放平台高可用基础架构的建设推广

为有效保证重要业务系统的高可用性,对企业级统一架构建设思路,运维团队从两方面着手落实。一方面对新投产系统均按照高可用基础架构建设,另一方面对已有的重要系统制订高可用改造实施计划,先后完成对综合应用系统中间层(ABIS中间层)、贷记卡前置系统、银联前置系统、第三方存管和投资业务平台等系统的基础架构改造。

以 ABIS 中间层为例,总行每笔主机业务均需通过 ABIS 中间层统一接入主机系统处理。随着各类渠道业务的急剧发展,总行 ABIS 中间层业务量最高峰达到 7 100 万,巨大的交易量给系统带来很大压力,同时中间层业务关联系统超过 60 个,一旦中间层系统异常,业务影响范围广泛,异常处置难度大。面对这种情况,运维团队对原有系统进行高可用架构改造。首先硬件层面上实现多份冗余配置,特别在存储层面采用基于操作系统逻辑卷镜像的高可用架构,使单台存储故障时对业务透明。此外,协调软件开发部门改造应用中的单点设计,在中间层基础架构中引入了硬件负载均衡技术,采用对等式冗余设计,布置多套中间层应用,形成应用与数据库集群,提升系统处理能力和整体的高可用性。改造后的 ABIS 中间层运行平稳,系统标准可用率超过 99.999%。

目前,银行开放平台运维团队在基础架构建设中充分运用负载均衡技术、应用服务器集群技术、虚拟化技术、存储高可用技术及冗余技术等主要高可用技术,完整覆盖了系统架构中的各个层次,包括系统接入层、应用服务器层、数据库服务器层及存储层等,有效降低了由于单个设备可靠性低对系统服务连续性的影响。本研究成果目前已推广应用到某大型银行全行 36 家分行,取得了实际的经济效益。

（二）自主建设开放平台生产集成管理系统

早期采用的监控管理工具包括 BMC 集中监控系统、AME 前置交易监控系统、MyAME 中间件系统监控软件、NBU 集中备份监控软件,这些工具功能单一,缺乏整合,信息无法共享,同时运维人员面对成千上万条告警信息缺乏有效的事件监控和诊断工具。这些不仅增加了运维成本和难度,而且无法保证快速有效的处置问题。

根据"快速响应、快速定位、快速处置"的运维理念,将开放平台治理模型的研究成果与银行总行开放平台的运维实际相结合,运维团队自主开发了开放平台生产集成管理系统(简称 OpenIMIS),同时根据开放系统运维出现的新情况,不断开发新功能,并集成到 OpenIMIS 中,从整体上实现了开放平台运维队伍专业化、运维工作流程化、运维手段自动化,推动运维工作从被动运维向主动服务的根本转变。

（三）电子银行系统的运维实践

电子银行系统部署于开放平台上，并直接面向客户提供基本金融服务，是对实时性、连续性和稳定性要求最高的系统之一。同时电子银行系统应用模块集中，架构庞大复杂，业务系统逻辑关联紧密，而开发和运维人员分处北京、上海两地，信息共享和人员协调的时空成本较高，客观上给运维工作带来更多困难。运维团队借鉴本书研究成果的相关理念，构建了完善的运维体系，很好地支撑了电子银行系统年均 40% 的业务增长速度。

首先架构上保证了高可用性，电子银行包括个人网银、企业网银、电子商务、手机银行、电话银行、客户服务六大类电子渠道类业务。每类业务对应的各子系统均采取统一框架开发，配置统一的基础环境，以提高整个电子银行系统的可扩展性和高可用性。除了满足系统横向扩展的要求，还为新的子系统保留扩展接口。交易均通过电子银行的总线服务处理发送到连接核心系统的各类网关系统，各类应用根据各自需要扩展前端应用服务器和基础环境。

其次，运维工作中以"主动运维"为指导方针。一是从应用系统投产立项开始，对架构设计和资源管理提出运维方面的建议。二是借助自主研发的集成管理平台，坚持全面的统一监控，对监控指标进行周期性统计，阶段性开展容量数据采集、数据分析、评估建模、预测及优化。三是标准化日常运维操作，及时规避技术风险和业务风险，主动识别风险和发现问题。四是在问题解决、日常变更和事件处理上遵循统一流程标准，采取精细化管理，统一运维视图，加强运维经验的知识积累，坚持重点问题分析与趋势分析，推进应用优化与架构整合。五是坚持以安全生产为第一要务，多举措落实"快速响应、快速定位、快速处置"的应急管理要求，如加强值班管理、优化监控质量、建立统一的运维视图，建立应急预案并开展应急演练等，整合各方运维力量，及时响应、科学处置，提升突发事件的处置效率。

最后，加强电子银行的风险防控。一方面，技术层面上，采取通过第三方对电子银行系统进行安全评估的方式及通过专业防攻击工具，周期性对电子银行系统的运维提醒进行考察，以针对性消除薄弱环节，并周期性优化方案，对体系进行加固。另一方面，加强风险防控管理，针对新出现的病毒和补丁更新，建立定期更新制度。加强访问控制和密码管理，实行操作系统和数据库管理员的权限分离，对数据库的访问权限进行控制。对应用系统用户访问数据库采取最小权限原则。由于电子银行直接面向客户，且依托互联网，在安全上要求较高。在安全技术方面，通过完善的安全体系(包括 CA 系统、证书认证系统、动态口令卡系统等)保障客户端安全，并采用符合人民银行安全规范标准的专用安全设备构成安全体系，系统架构的网络安全层层递进以保障网络通信安全。

（四）全面提升开放平台系统的运维质量

在开放平台运维实践中，银行总行数据中心开放平台全面推进生产运行的标准化、规范化和精细化。开放平台的运维工作全面通过了英国标准协会 BSI 的 ISO/IEC 20000-1:2005 标准认证和 ISCCC 27001:2005 信息安全管理体系认证。

通过运维体系建设有效提升了开放平台运维效率和运维质量，逐步完成从被动运维到主动运维的转变。目前运维团队不足 50 人，运维的计算机数量超过 3 000 台套，并且每年新投产项目增加迅速，开放平台系统数量年增长率超过 30%，而重要系统的标准可用率已达到 99.98%。

日常运维中，变更总量不断增加，变更成功率逐年攀升。开放平台变更数量年增长率超过 45%，而变更成功率已达到 100%。变更量的增加，一方面是因为系统数量的增加，另一方面则是主动运维导致的结果，主动运维通过变更来达到系统优化的目的，完善的变更流程则保证了变更的成功率。

围绕"三快"应急管理实践，运维团队梳理了应急场景并建立相应的应急预案，根据应用系统特性建立各系统的运维视图，每年应急场景演练覆盖率为 70%，大幅缩短了应急情况下人员和资源协调的时间，提高了应急效率，应急时间平均缩短 30%～50%。在事件的处理上，事件响应率和解决率不断提升，开放平台的事件响应率已达 99.39%，事件的解决率已达 100%。可用性方面，以电子银行系统为例，系统可用性不断提高。一方面得益于基础架构、开放平台治理优化及完善，另一方面通过应急管理体系的落地实施，应急事件的处理时间有效缩短。

构建全面的运维体系为运维工作长期发展打下扎实的基础，并从业务需求视角进行 IT 风险管理。通过技术和管理两个方面防范操作风险,技术上应用安全审计平台加强用户痕迹管理,管理上职责和权限分离,使信息内部操作风险控制得到全面加强。生产运行标准化、规范化程度稳步提升,生产运行质量和服务效率进一步提高,逐步形成了符合银行数据中心管理目标的 IT 服务管理体系。

在互联网金融和大数据背景下,银行业在服务创新、竞争手段和经营模式上将出现巨大变化,大型银行开放平台的基础性支撑作用将得到进一步的凸显,科学智能的开放平台运维体系必将发挥更大作用。

目　录

Contents

第 1 章

引　言

1.1　研究背景

　　银行业是我国最早将信息技术引入业务管理的行业之一。从 20 世纪 70 年代末开始，银行的储蓄、对公业务等逐渐以计算机处理代替手工操作，标志着银行信息化的开始。进入 80 年代，我国开始大规模引进计算机技术，银行业率先广泛使用计算机系统，大大提高了业务处理水平。90 年代以后，银行业建立起一批网络系统，实现了全国范围的计算机联网，通过数据中心处理业务数据，人们切身感受到通存通兑带来的方便快捷。

　　银行业信息化建设在过去几十年中取得了巨大的成绩，目前各商业银行拥有世界先进水平的大型计算机、小型计算机、PC 服务器和刀片服务器等各类计算机，建立了覆盖全国的网络通信系统，开发了包括综合业务系统、经营管理系统等在内的应用系统，形成了比较完整的金融信息基础设施体系，国内上市银行基本实现了全行数据的集中管理和维护，提高了信息系统的整合应用能力，为业务发展提供了有力的支撑。

1.1.1　银行业信息化现状

　　当前，我国商业银行的信息化主要是基于核心业务处理的信息化，因此，信息化对银行变革最大的作用在于推动了银行经营方式的变革,同时引入一些较为先进的经营理念来适应经营方式的变革。首先,满足客户需求的经营理念。客户需求是推动信息化发展的根本动力。其次,需要给客户提供多样化的服务和产品。新一代综合应用系统平台的建立使大规模的产品开发成为可能。银行产品由传统的柜台负债业务和贷款业务向综合性、多样化的产品转变,产生了代理国债、代理基金、代缴费、银行卡、托管资金、现金管理等多种中间业务产品,极大地改变了银行的经营方式。最后,银行作为服务行业,所有的工作都是围绕服务来进行的,如何开拓多元化的服务渠道,使服务水平高效化是银行信息化的首要目标。

(1) 银行信息化拓展了银行的服务渠道。由传统的柜面服务延伸到网上银行、电话银行、手机银行、银行卡、POS、ATM 等多种服务渠道,改变了银行的经营方式。银行信息化打破了区域、行际和时间限制,使得同城、异地、跨行存取款不再受到限制,资金能够实现实时到账,加强了服务效率。而在服务功能上,信息化又使得银行在提高了传统的存取款功能以外,还增加了多渠道的快捷查询、转账、对账、透支、综合账户、综合理财、外币兑换等多种功能,极大地扩大了服务范围,提高了服务质量。

(2) 科技创新水平成为商业银行的核心竞争力之一。科技创新帮助大型商业银行完成了业务流程再造、管理模式再造以及风险内控等。同时,通过科技创新,银行改变了过去以产品为中心的经营管理方式,全面转向了以客户需求为导向的发展模式。通过遍布全球的数万家营业机构、数十万台 ATM 和自助终端、几十万台 POS 机,以及强大的电子银行系统,大型商业银行可以在全球范围内为客户提供全天候、全方位的金融服务。同时,依托综合信息网络和强大的科技研发能力,大型商业银行正为客户提供越来越多样化的产品,进一步满足客户多元化的金融产品需求。特别是上市银行,科技创新水平与其市场地位是直接相关的。

(3) 信息化带来的潜在科技风险不可忽视。目前,国内主要商业银行均实现了全行数据的大集中,数据的集中也带来了风险的集中。银行机构运营的稳健性和安全性,已不仅仅关系其作为一个法人组织的经济收益、股东权益和组织生命力的问题,更是一个关系着整个国家金融安全和社会秩序稳定与否的重大国计民生问题,牵动着整个国家和社会运行的每一根神经。一旦出现业务运营中断,将可能导致银行系统内部全国网点的业务停顿。这不仅会给银行机构带来直接的财务流失,还会对其多年树立起来的品牌效应和公信力造成恶劣的影响,更甚者将面临经济赔偿责任和法律制裁。为此银监会等监管部门出台了《商业银行业务连续性监管指引》等制度规范。银行的开放平台系统作为科技系统的重要承载体,如何科学维护稳定运行,提高开放平台系统的运维效率,有效地防范科技风险,成为大型商业银行面临的新任务。

1.1.2　开放平台系统在银行业的发展与变迁

银行开放平台通常指除具有数据存储功能的大型主机之外的科技信息系统。随着银行信息化的推进,开放平台技术在银行业逐步得到广泛使用。开放平台技术在银行业的应用最早可以追溯到 20 世纪 80 年代,当时国内银行信息化还处于起步阶段,利用计算机将银行传统的手工工作电子化,实现柜台服务自动化,进而升级为基于服务器的中型联网,实现同城通存通兑。由于全国各地电信网络基础设施还不够完善,各家商业银行以省分行为单位建立了内部的信息系统,此类信息系统中开始有一部分搭建在开放平台系统上。之后,在网络技术的推动下,银行业逐步实施全行的数据集中,各商业银行将原先由各分行维护的业务数据系统上收到总行数据中心集中管理,实现了实时的通存通兑,并且做到全行业务的统一管理。

在这一阶段,股份制商业银行、城市商业银行、农信社等金融机构,由于其业务量相对较小,而大型主机系统费用昂贵,中小银行往往完全基于开放平台搭建所有的信息系统,核心银行账务均交由开放平台处理。以国有四大行为代表的大型商业银行在信息基础设施上采用大型主机与开放平台系统相结合的技术方案,大型主机系统负责核心银行账务处理,开放平台系统负责其他业务逻辑的处理。

银行使用开放平台系统作为业务系统的支撑已经有十多年的历史。目前，大型商业银行信息系统由核心应用、前置应用、渠道应用、内部管理、分析营销、办公自动化六大类应用系统构成，完整覆盖了业务经营管理的各个领域。2006年，各家大型银行开发了数据集中式网络系统，该系统通过数据中心覆盖本行除西藏自治区少数营业网点以外的全国所有营业网点，连接银行柜员终端 20 万台，并实现了全国数据大集中，即把省级数据中心的业务和数据集中到数据中心，所有业务在后台都由这个数据中心统一支持和处理。目前，除核心应用系统仍采用 IBM 大型主机系统构建外，其他的五类主要业务均基于开放平台，即小型机和 PC 服务器来构建，典型的小型机应用场景被用作开放平台应用系统的数据库服务器。

1.1.3　开放平台系统是银行信息化的重要组成部分

近年来，在新的监管环境下，随着银行业的对外开放进程加快，银行间市场竞争日趋激烈，商业银行要实现业务的持续发展，必须探讨适应新形势和新发展的经营模式和盈利模式，持续提高资产盈利能力，从而提升资本回报率和对外部资本的吸引力。要实现此目标，国内的商业银行必须通过创新产品和服务，颠覆传统的经营模式，优化公司治理结构，更新经营理念和银行的企业文化。面对国际竞争和跨界竞争环境，国内商业银行现阶段面临着经营管理的全面变革与创新，以信息技术为手段，实现金融产品、金融工具、银行经营管理的深刻变革和全面创新是不得不为之的应对之策。

在这种局面的驱使下，国有大型银行纷纷以上述理念为导向，不断推出新的金融产品，开发新的金融交易平台。在保证一些原有的主机核心业务正常运作的前提下，开发了更多新的金融工具和交易系统，包括面向外部服务的系统、面向内部管理的经营分析系统和科技管理系统等。这些系统由于其自身的特点就是运行模式的多元化，具有高度的灵活性，所以它们无法运行在只有统一操作系统和数据库的主机系统上，而是必须在主机外围有一套架构可以灵活调整，其运行平台是多样化的。开放平台正是为满足这些需求而建立起来的多样化系统平台。

（1）开放平台系统作为大型主机核心业务系统的延伸和拓展，已日益成为各商业银行业务发展新的增长点。开放系统将业务从大型主机核心应用中抽离出来，被称为"主机外围系统"。截至目前，基于开放平台的各类业务包含客户信息、业务支撑、中间业务、金融市场、经营分析、科技管理、资源管理等数十类。

（2）互联网金融的兴起更依赖于开放平台技术。全球范围内，移动金融正处于爆发式增长期。移动互联网技术的高速发展，打破了地域、时间和行业的限制，并以其移动性、开放性、交互性和实时性等特征，给金融服务方式带来革命性变革。随着利率市场化等金融改革的深入，以互联网公司为代表的第三方支付企业进入传统的金融领域。以腾讯集团为例，腾讯微信通过绑定财付通介入手机支付市场，未来财付通将在微信支付、快捷支付、手机钱包支付、跨境支付四大领域，借助微信、QQ 等社交应用探索新的支付模式。传统商业银行亦思之求变，信息技术必将日益成为银行的核心竞争力之一，开放平台技术也将成为互联网金融的重要依托。以手机为代表的银行开放平台服务的移动终端，应用日益多样化，成为集渠道性应用、支付性应用、载体性应用和增值性应用等功能于一体的综合服务平台。

（3）大数据凸显开放平台的基础性作用。大数据技术提出的思想就是使用大量低成本商用计算机组成可扩展分布式计算集群，快速存储和处理海量非结构化的数据。基于这种考虑，大数据均采用开放平台技术，包括 X86 的 PC 服务器和 Linux 操作系统等。随着云计算、移动互联网等新技术的广泛应用，全球数据总量大约每两年翻一番，世界正快速迈入大数据时代。据麦肯锡咨询公司预测，由于拥有海量数据，银行业将首先受益于大数据技术，并在服务创新、竞争手段、经营管理等方面颠覆传统模式。各家商业银行已经开始重视客户数据潜在的商业价值。例如，花旗银行将客户历史消费信息与搜索引擎中的地理定向、内容定向信息相结合，判断出哪些客户有在星巴克、麦当劳等场所消费的偏好，从而有针对性地推出信用卡积分消费产品，成效显著。今后，对客户的了解程度将决定生意的成功率，银行不仅收集客户的风险承受能力、收入、工作背景、商业财务活动、理财习惯等相关数据来做分析,还通过社交网络进一步了解客户的生活群体,客户的朋友和伙伴之间的互动情况、校友会和其他相关社会资源的情况也被列为数据收集和分析的组成部分。在这种商业趋势中,开放平台技术的基础性作用将越来越显著。

综上所述,银行业开放系统规模将不断壮大,如何管理好一个大型开放系统,构建大型开放平台系统运维管理体系是每一个商业银行面临的现实挑战,也是值得我们深入研究的课题。开放系统从实践而来,更需要理论的指导,所以开展对大型开放系统运维的课题研究意义重大。对这一领域的研究和探索将具有广阔的发展前景和巨大的现实意义。

1.2　研究现状

1.2.1　开放平台的优势

开放平台系统是由企业、政府部门和国际标准化组织所共同定义的。基于这种公开的标准协议,来自不同生产厂商的设备之间可以互连为系统,并可以实现设备之间的信息交换。基于开放平台技术,用户可以根据自身的需要集成来自不同供应商的产品,组成具有可扩展性的应用系统。在 IT 领域,开放平台主要是相对于大型主机系统而言的,一般认为其软件平台是以 UNIX、Linux、Windows 为核心的运行环境及开发环境。基于开放平台的 IT 基础设施具有几个方面的特点。

(1) 有效降低了商业银行的 IT 建设成本。开放平台设备由于基于统一的标准协议,来自不同供应商的设备可以相互兼容。更多的生产厂商给商业银行提供了更多选择的余地,通常对于同一类型设备,商业银行可以有两个以上的供应商。相对于传统的大型主机设备,开放平台设备的成本得到了极大的控制。同时开放平台设备能够得到开源社区的支持,以 X86 服务器为例,仅操作系统授权即可降低很多费用支出。

（2）提高了应用开发的灵活性，缩短了应用的开发周期。开放平台遵守统一的硬件标准，支持标准化的软件接口，提高了软件的可移植性，缩短了应用项目的开发周期。随着摩尔定律的发展，以 X86 为代表的开放平台服务器性能不断提升，开放平台的软件生态系统日益完善，开放平台技术可以满足越来越多样化的需求。

（3）可扩展性强。统一的硬件标准提高了设备的兼容性，使开放平台设备能够根据应用场景的不同灵活扩展系统资源。同时，集群技术等软件层面的可靠性及扩展性设计，降低了对底层服务器单机可靠性及性能的要求。

（4）技术更新快，具有领先性。由于业界大部分研发人员使用开放平台技术，其本身的技术更新速度快于大型机。以国际领先的技术供应商 IBM 为例，长期以来，IBM 致力于让大型机的技术追赶开放平台的主流技术，但目前 IBM 正在推广的 zLinux 战略让 TCP/IP 协议和 Java 技术融入大型机。此外，新的软件的开发大部分运行在开放平台上，而不是大型机平台，如大数据技术等。在 Web 服务技术、Oracle 数据库等领域，开放平台的运行也更为成熟有效。

1.2.2　开放平台引领业务作用凸显

伴随着银行业的蓬勃发展，信息科技在业务发展中的引领作用更加凸显，信息系统基础架构在银行国际化、综合化发展和业务经营转型的过程中发挥了有力的支撑作用。而开放平台是银行信息化基础架构的重要领域之一，大型商业银行中除少数核心业务系统，其他的应用系统全部基于开放平台构建，一级分行及以下的系统架构全部基于开放平台构建，开放平台的规模发展迅速。在技术上，采用最新的负载均衡集群技术，开放平台系统可以满足严格的高可用性要求，并且随着业务规模的增长，系统软硬件平台能够无缝扩展，实现平滑升级，有效提升了系统的安全和可靠性，很好地支撑了银行各类业务的快速发展。

各股份制商业银行的实践已证明，开放平台技术日趋成熟，服务器处理能力不断提升，使得其具备满足银行核心业务系统高并发、大交易量需求的能力。基于开放式平台的小型机集群，配合软硬件两方面，存储通信等层面采用负载均衡技术,完全符合银行核心业务系统的大吞吐量、低处理时延的要求,可以支撑超大规模高并发的银行核心业务系统长时间稳定运行。就国内大型商业银行而言,目前开放平台承载着全行数百个应用系统,主要业务系统包括电子银行系统、贷记卡业务系统、第三方存管系统、金融服务平台和私人银行管理系统等。以电子银行为例,其交易量年均增长率超过 70%,交易系统完全部署在开放平台的小型机和 PC 服务器上,通过运用负载均衡技术和存储镜像技术,很好地支撑了电子银行业务的持续快速发展。

1.2.3　银行业开放平台面临的挑战

为了保障业务的顺利进行,大型商业银行已经建成了可用性超过五个九的大型主机并行耦合系统,但仅有稳定、健壮的后台核心业务系统是不够的,任何一笔发往后台的交易,中间均需要经过开放平台系统,这对其可用性、健壮性提出了越来越高的要求,开放平台也面临越来越多的挑战。

(1) 新的业务需求层出不穷,交易数量急剧增长。面对国内外同业和跨业竞争日益加剧,各商业银行不断加大产品创新投入,围绕移动互联网金融、微信银行和大数据技术等金融热点,先后推出了以手机银行客户端、微信银行应用等为载体的新产品,业务与管理需求爆发式增长,每年新增开放平台投产项目使用的基础设施数量成几何式递增,交易数量急剧增长。系统建设周期要求越来越短,产品上线时效性要求越来越迫切。资源需要量较大,而资源采购流程相对较长,部分设备需要更新升级,开放平台管理复杂度不断增加。同时,随着业务发展需要及应用部署模式的进一步调整,新型的数据中心、灾备中心及测试中心的出现,使得数据处理、数据流向、数据流量发生重大变化,对现有的开放平台的基础架构提出了新的挑战。

(2) 单台开放平台设备可靠性不高,威胁业务连续性,难以满足外部监管要求。相对于大型主机的稳定性,开放平台设备的可靠性明显降低。以开放平台中的 X86 服务器为例,相关统计显示其年故障率为 0.45%～0.55%,一旦发生硬件故障将会导致此台服务器上的业务应用中断。同时,由于金融服务直接面向公众客户,业务连续性敏感性强,外部监管要求更高的业务连续性。银监会等监管部门专门出台了《商业银行业务连续性监管指引》等制度规范,逐步引导我国金融机构建立完备的业务连续性管理体系,要求防范和应对组织内外各种日益频繁的中断威胁。

(3)运维监控工具割裂,缺乏整合监控平台,难以实现主动运维。随着信息化建设的深入,银行的开放系统日趋复杂,急剧扩大的开放平台设备规模与落后的运维手段之间的矛盾日益突出。不同类型的网络设备、服务器、存储设备、带库设备等让运维人员难以从容应对。早期采用外购监控管理工具,有 BMC 集中监控系统、AME 前置交易监控系统、MyAME 中间件系统监控软件、NBU 集中备份监控软件。每类工具监控一类指标,当监控的项目数量急剧增加时,监控管理的难度加大,难以做到人工管理多个监控工具的报警信息。目前的监控工具虽然能够获取 IT 设备、服务器、业务流量、数据库的警告信息,但成千上万条警告信息堆积在一起,又缺乏有效的事件监控和诊断工具,因此需要运维人员人工分析和处理问题。这不仅增加了运维成本和难度,而且无法保证快速有效的问题处置。

(4)运维手段单一,自动化程度不高。目前,商业银行 IT 业务已经实现了从人工操作到计算机管理的转变,但它仅处于半自动化运营维护状态。这种 IT 运维依旧是等到 IT 故障出现后,再由运维人员采取相应的措施,所以传统被动的、孤立的、半手动式的 IT 运维管理模式时常让运维团队疲惫不堪。在 IT 运维过程中,IT 员工被动低效率救火,只有当事件已经发生并已造成业务影响时才能发现和着手处理。为了更好地理解和跟踪生产系统的运行,必须定期采集银行开放平台操作系统、数据库和中间件产品的配置信息、运行数据以及应用系统的运行数据,从而对应用系统的整体运行情况进行针对性的分析和跟踪,以便及时发现可能存在的问题,并采取相应的对策。IT 运维管理过程中缺乏自动化的运维管理模式,也没有清晰的角色界定和责任划分,使得问题出现后很难快速、准确地找到根本原因,并及时地找到相应的人员进行修复和处理,或者是在问题找到后缺乏流程化的故障处理机制,而在处理问题时不但缺乏规范化的解决方案,也缺乏全面的跟踪记录。此外,更新管理类工作绝大部分都是手工操作。即使一个简单的系统变更或更新往往都需要运维人员逐一登录每台设备进行手动实施。当设备数量达至成百上千时,其工作量之大可想而知。而这样的变更和检查操作在 IT 运维中往往每天都在进行,占用了大量的运维资源。因此,实现运维管理工作的自动化、智能化已迫在眉睫。

(5)系统异构性强,设备类型与基础软件种类多,不利于统一运维。开放平台由于其接口开放的特征,通常其系统构成的硬件、软件分属不同的厂商。如计算模块可以采用 IBM、HP 的,存储模块可采用 EMC、HDS 的,软件可以是 Sybase、IBM、Microsoft 的,不同供应商基于开放的接口标准,实现系统之间的兼容和集成,形成统一的系统提供对外服务。这种分工方式可以大幅降低供应商的研发和生产成本,也能降低银行的 IT 投入成本,但同时也带来了一系列的问题,如兼容性、可维护性。此外,由于历史的原因,不同应用项目的架构设计没有统一标准,系统维护依赖于具体的系统管理员,运维人员与应用系统呈现紧耦合的关系。

(6)开放平台技术演进迅速,不断提出新的运维需求。相对于大型主机技术,以 X86 技术为代表的开放平台技术不断推陈出新,从单核到多核,从单物理机到虚拟资源池,从 NAS 存储到 SAN 网络存储,从集群到私有云模式,从单数据库到大数据集群技术,开放平台技术在摩尔定律的影响下,技术不断进步,客观上要求银行的运维团队根据新技术的特点,不断提出科学的运维方法,并整合到现有的监控体系中。同时要求运维团队有前瞻性的眼光,统筹规划好至少五年内的开放平台的建设思路。

大数据时代的来临,对开放平台的存储性能提出了更高的挑战,存储容量、响应速度、稳定性方面都对现有的基础架构提出了新的挑战。如今,大型商业银行开放平台正面临着前所未有的挑战,不仅需要在高密度服务器环境中处理、存储和归档日益增多的数据,而且还需要优化空间、降低功耗和冷却。虚拟化技术应用日益广泛和成熟,从计算资源到存储资源,再到网络资源,通过虚拟化技术的大量应用,为实现随需应变的弹性 IT 基础架构,建立企业私有云、公共云提供了可能。同时也对如何建立更加灵活、更易于管理、更健壮可靠的基础架构提出了一系列挑战。

1.3　研究目标及内容

目前大型银行开放平台系统运维工作研究取得一定的成果,但仍面临着巨大挑战,开放平台运维工作呈现出新特点:运维需求多样化、运维对象复杂化、运维模式集中化、运维队伍专业化、运维工作流程化、运维手段系统化。因此,本研究的目标是结合开放平台系统运维特点,通过对系统运维方法和技术革新的研究,建立电子银行系统服务模型,构建适用于电子银行系统服务模型的运维体系,作为开放平台运维体系的典范,从而促进开放平台运维管理的发展,提供稳定、高效的系统服务,为各个应用系统的正常运行提供后台保障。结合研究目标,主要研究内容如下。

(1)推动开放平台基础架构整合与优化,增强基础架构保障支撑能力。基础架构影响整体运维水平。一方面某些项目由于开发时间较久,原有的架构不一定能满足现有业务需求或监管部门的相关要求,因此需要对原有的架构进行优化改造;另一方面对于新投产系统,在立项阶段就需要对基础架构按照高可用、可扩展、高性能、高安全和易维护的原则进行设计,架构标准化的实施可以提升开放平台整体运维水平,基础架构建设为运维体系的构建提供有力支撑。

(2)开放平台运维体系框架设计,明确范围和架构。当前开放平台的运维工作面临着诸多挑战,同时开放平台的技术革新也给运维工作带来了新的机遇,结合运维工作的实际需求,对开放平台运维体系进行整体设计,结合运行维护对象及其特点,设计运行维护系统的总体框架,提出运行维护系统的设计目标、原则和内容。

(3)建立科学合理的治理模型,完善运维管理方法,增强系统运维服务能力。对于大型开放平台,为保证其运维管理的持续发展,在完善优化开放平台基础架构建设的基础上,必须要加强对运维管理方法的研究和探索,寻求合适的治理模型。对于开放平台而言,制度管理、流程管理、配置管理、容量管理及团队管理等均为运维体系构建的核心内容,实现开放平台的任务流程化管理,配置管理信息全面、准确、易于查找,对系统容量进行评估、规划、分析、调整和优化,满足业务需求的同时优化资源配置和使用。

(4)建立应急保障体系,能够快速应对突发情况,提高工作效率,快速处置系统故障。信息系统的风险具有极大的不确定性,银行信息系统服务一旦中断,所带来的危害仅用经济损失来度量远远不够,更涉及银行的企业形象和社会影响,以及监管机构的管理。本着安全生产是运维工作第一目标的原则,针对应急风险管理多主体、多因素、多尺度的特征,需要构建一套应急保障体系,可以有效地应对突发事件,兼顾成本与成效,提升突发事件应急处置效率,加强恢复系统服务的能力,全面提升生产运维管理水平。

(5)建立风险防控体系,被动应对向主动防控转变,有效降低信息系统的运行风险。大型商业银行全国数据大集中实现了应用系统的集中,同时也带来了风险的集中,开放平台所提供的服务与个人、企业利益乃至国民经济息息相关,银行业信息科技风险存在影响面积较大、不确定、风险评估或防范手段不足、难度量、易扩散等特点,按照"预防为主,分级保护,分层负责,持续改进"的基本方针,对开放平台面临的风险进行系统化的梳理,并制订和采取相应的控制防范方案,建立健全安全规章制度及流程建设,完善风险防控体系,为系统的安全运行添加一道保护伞。

(6)理论指导行动,电子银行系统运维工作推动运维体系的实践和完善。一套运维体系的构建,离不开实际运维经验的积累和运维技术、方法的创新,电子银行系统作为开放平台的特殊应用系统群体,规模较大,其业务关联度高,同时直接对公众提供服务,关系到银行的品牌形象。面对电子银行系统运维的内外部压力,运用运维管理科学,实践一体化运维的理念,以"主动运维"为核心,坚持全面的监控,在日常运维上遵循信息技术基础构架库(Information Technology Infrastructure Library,ITIL)的服务标准,采取精细化管理,基础架构建设与运维管理方法实践同步,应急保障体系与风险防控体系结合,全面提升电子银行系统的可用性与连续性。

1.4　研究整体说明

本研究从大型商业银行开放平台系统的运维情况出发,从不同的角度和层面介绍了大型开放平台系统运维体系的构建,梳理大型开放平台系统运维面临的挑战,研究开放平台系统运维现状和技术发展趋势,结合 IT 运维管理方法论、ITIL 运维管理体系相关理论知识,探索高效、安全的大型开放平台系统运维体系,并在大型商业银行开放平台系统的运维中不断实践和创新。本研究的安排如下。

第 1 章,引言部分,介绍本研究的背景概况,包括对当前银行信息化发展状况、开放平台在信息化发展的过程中对业务的支撑情况等进行分析,并对研究现状、研究目标和内容进行说明,对研究安排进行介绍。

第 2 章,针对开放平台基础架构的发展形式进行分析,给出系统架构设计高可用、可扩展、高性能、高安全、易维护等原则,对开放平台的基础架构建设进行详尽的分析,包括总体目标、基本思路、逻辑架构和部署架构,最后给出基础架构建设的具体内容并逐步推进。

第 3 章,结合运维面临的挑战、技术发展趋势以及运维工作的实际需求,对开放平台运维体系进行设计,包含运维对象、运维体系整体框架设计、运维体系设计目标及原则,并对运维体系建设的内容进行介绍。

第 4 章,对开放平台的治理模型展开研究,主要包括制度管理、流程管理、配置管理、容量管理和团队管理等方面,这些方面均与开放平台的运维工作密切相关,是大型开放平台系统运维体系的构建不可或缺的组成部分。

第 5 章,在系统运维过程中,应急风险管理尤其重要,本着安全生产是运维工作第一目标的原则,针对应急风险管理多主体、多因素、多尺度的特征,构建智能应急风险管理体系,有效地应对突发事件,兼顾成本与成效,提升突发事件应急处置效率,从而全面提升银行生产运维管理水平。

第 6 章，按照"预防为主，分级保护，分层负责，持续改进"的信息安全方针，对开放平台系统的风险进行风险点识别，建立系统安全管理模型，采取相应的防范措施，对系统风险进行评估，有效防范系统安全风险，保障安全生产。

第 7 章，分析电子银行业务特点及系统运维需求，根据已构建的运维体系开展电子银行系统运维探索和实践，实现对电子银行系统监控全面化、任务流程化、运维主动化、过程自动化等系统化运维，并在不断的实践和经验总结中，逐步完善开放平台系统运维体系。

第 8 章，总结研究内容和成果，并展望开放平台未来的发展趋势、工作思路和方向。

第 2 章

大型商业银行开放平台系统基础架构建设

伴随着银行业务与管理需求的爆发式增长,开放平台基础设施呈现几何级数的增长速度,同时系统的建设周期要求越来越短,产品上线时效性要求也越来越迫切,导致开放平台基础架构的复杂度在不断增加,因此,开放平台的基础架构设计与优化成为当前急需解决的基础性难题。

根据中国银监会 2011 年颁布的《商业银行业务连续性监管指引》,要满足业务连续性管理的要求,开放平台的基础架构规划与设计不仅要求稳定可靠,而且要能实现灵活扩展;既能提高效率,又能节约成本,同时践行绿色节能的社会责任,提升银行基础设施的可持续发展能力。开放平台基础架构设计与系统运维工作之间的联系无法割舍,基础架构决定了运维工作开展的方式和方法。根据运维工作经验的积累和相关知识的交流、传递,运维工作为基础架构的评估提供了第一手材料,有重要的参考意义,反过来影响到整个基础架构设计,两者相互促进,因此基础架构建设为运维体系的构建提供基础支撑,影响着大型开放平台的整体运维水平。

2.1 开放平台基础架构的发展形势分析

银行业务的蓬勃发展,使得信息科技在业务发展中的引领作用越来越凸显,信息系统基础架构在银行业的国际化、综合化发展和业务经营转型过程中发挥了有力的支撑作用。开放平台是银行业信息化基础架构的重要领域之一,大型商业银行总行除少数核心业务系统外,应用系统全部基于开放平台构建,一级分行及以下的系统架构全部基于开放平台构建。因此,对开放系统基础架构建设的研究是开放系统运维工作的重要部分,奠定了运维工作开展的基础。

面对国内外银行业以及跨业竞争日益加剧,监管对信息科技风险管控及业务连续性要求不断加强的外部环境,以及不断推进业务经营转型及精细化管理的内部环境,开放平台基础设施建设领域仍然面临诸多困难和挑战,主要表现在以下几个方面。

(1)业务产品的日益增加与资源投入相对不足的矛盾。目前,大型商业银行开放平台每年在总分行新增投产的项目在数以千计的数量级,资源需要量大,而资源采购流程相对较长,部分设备老旧,基础软件版本滞后;同时随着银行业务发展需要及应用部署模式的进一步调整,新型的处理中心和管理中心的出现及“多地多中心”的建设,数据处理、数据流向、数据流量将发生重大变化,基础设施需要支持图形、图像、音频、视频等多媒体信息的处理及传输,如何更好地适应和支持这些新需求,满足业务的快速上线要求,实现海量数据的分析和处理,是银行业面临的重要挑战。

(2)业务量日益增长和可用性要求日益提高带来的挑战。随着银行各项业务的全面快速发展,银行的业务交易量呈现出不断增长的趋势,对基础架构的可靠性、可用性及可扩展性提出了较高的要求。同时外部监管对信息科技风险管控及业务连续性要求的不断加强,使得当前主要采用的双机热备模式的系统已经不能满足要求,如何逐步地过渡到可用性更高、扩展性更好的集群架构是开放平台面临的新课题。

(3)资源数量庞大,规划、配置、管理和维护的压力日益增加。开放平台基础软硬件平台种类繁多,基础设施数量呈几何式递增,部分资源配置信息更新不及时,因此,统计不全面,缺少有效的硬件资源容量管理和软件生命周期管理是银行业一致面临的问题。同时多种软硬件平台组合的架构复杂,对人员的技术水平深度及广度要求较高,而目前,大型商业银行的总分行架构规划设计和系统运维管理人员尚存在较大缺口,如何提高资源配置和管理的精细化水平,实现系统运维自动化,是银行业迫切需要解决的问题。

所幸,开放平台新技术、新产品层出不穷,为基础架构建设提供了新的思路和手段,同时新技术的快速发展和应用也对基础设施的兼容性和扩展性提出了更高的要求,这必将促进基础架构的调整和优化,加速银行开放平台向绿色、智能型的基础架构转变。银行业必须有效平衡效能与成本的比率,综合考虑技术的先进性和成熟度,保证基础架构的安全、稳定、高效运行和持续发展。开放平台在整个 IT 系统架构中扮演着越来越多的角色,发挥着越来越大的作用,其中深刻影响开放平台运维体系架构的主要技术发展方向包括:集群技术(应用服务器集群和集群数据库技术)、虚拟化技术、大数据技术等。

2.1.1　集群技术

一般而言,集群(cluster)由一组(两个或两个以上)相互独立的、通过高速网络互联的服务器组成,通过使用多个冗余服务器或者多台低成本应用服务器并行运行方式组成一个应用系统对外提供服务,集群内的服务器配置、管理均通过统一的规范和方式进行,从而获得在整体应用系统上的高可靠性、高性能和高扩展性。集群技术中,核心技术包括:服务器间的切换机制、数据同步机制、应用服务器间的任务调度等。当一个客户/客户端与集群服务器进行交互、请求服务时,集群服务器和集群实现技术、软硬件架构对于客户端/客户而言是完全透明的,是一个独立的服务器。基于集群技术应用的不同的场景和集群的实现技术、目的可以有不同层次的分类。目前大型开放平台运维架构中,采用集群技术的目的主要包括如下几方面。

提高应用系统的可靠性和健壮性。通过使用集群技术(冗余服务器 HA 方式或集群服务器并行服务方式)均能保证应用服务器在某个节点异常时仍可以继续对外提供服务,或者通过较短的切换时间来恢复服务,将系统对前台业务的影响降低到最低程度。通过集群方式在提高系统可靠性的同时,也大大减少了服务器硬件故障或单个节点异常对于整个应用系统造成的故障损失。

提高应用系统的可扩展性、可维护性。集群技术使得应用系统通过简单增加服务器，从而加强横向扩展处理能力，并大大提高了应用系统的健壮性，不再受限于整体系统中某个节点异常而导致整体服务终止。

提高整体系统性能。对于大数据处理、计算密集型的应用系统，要求服务器具有很强的计算处理能力，在某些情况下，甚至普通的大型机也难以胜任。按照传统方式，必须根据应用系统的需求不断采购高性能的硬件投入生产。在集群方式下，可通过横向增加应用服务器的方式实现应用服务器处理能力的提升，而且整个升级过程可通过在线方式进行。

降低系统总体成本。通过多台低成本服务器并行处理，对外提供服务，较之单纯依靠采购单台高性能硬件服务器或者部署在封闭主机系统的服务模式，在满足同样性能需求的条件下，采用服务器集群技术比采用同等运算能力的大型计算机能获得更高的性价比。

在开放平台架构中，通过不同的技术实现方式，集群技术主要有三种类型。

(1) 高可用性 HA 方式集群。运行于两个或多个节点上，目的是在系统出现某些故障的情况下，仍能继续对外提供服务。这类集群中比较著名的有 TurboLinux TurboHA、Heartbeat、Kimberlite 等。

高可用 HA 集群主要实现方式是通过两台（或者多台）服务器组成一个应用系统，对外提供服务，当集群中的一个节点发生故障时，集群软件通过一定的检测机制和调度机制，将该节点的任务切换或者分配到集群中其他正在工作的系统上执行。高可用性集群的设计思想就是要最大限度地减少服务中断时间。

考虑到计算机硬件和软件的易错性，HA 方式集群的主要目的是为了应用服务器的高可靠性不受底层硬件或者应用软件的异常影响。如果高可用性集群中的主节点发生了故障或者某种异常，那么这段时间内将由备份节点代替它。次节点通常是主节点的备份节点，当它代替主节点时，可以完全接管其身份，对于使用该系统环境的客户端来说是一致的。目前，银行中最常用的高可用 HA 方式集群主要包括 IBM 的 HACMP、HP 公司的 MC、傲冠公司基于 SUSE

Linux 实现的 SKYBILITY 等。

高可用性集群使服务器系统的运行速度和响应速度较快,可以通过在多台机器上运行的冗余节点和服务,监控节点间的健康状况。如果某个节点失败,备份节点/服务将快速在短时间内接管,因此,在一定程度上对于用户/客户端而言,集群永远不会停机。在实际的使用中,由于高可用 HA 方式的集群在实现方式和技术上具有一定的局限性,如底层硬件异常时仍需要一定时间的切换,切换成功与否依赖于集群内节点的配置与同步,配置操作较复杂等,因此,基于 HA 方式的集群方式在一定程度上不能满足应用系统对于保证应用连续性的需求。

(2)负载均衡集群。高可用 HA 方式集群在一定程度上大大提高了应用系统的可靠性,但单台服务器计算处理能力发展速度远远满足不了快速发展的业务对于应用系统的处理需求,在这种情况下,基于负载均衡模式的集群技术得到了快速的发展和应用。

负载均衡是对负载(工作任务)进行平衡,分摊到多个操作处理单元上进行执行,例如 Web 服务器、关键应用服务器和普通应用服务器等,从而共同完成业务处理。负载均衡集群是通过搭建多个可独立进行业务处理的应用服务器,并在前端构建负载均衡节点作为应用请求的入口,通过一定的规则将不同的应用请求分散到后端不同的应用服务器上,实现整体应用服务器的高可用性和高性能。

负载均衡一般包括网络流量负载均衡和应用程序处理均衡。前者是传统的负载均衡应用领域,随着负载均衡与集群应用服务器结合,负载均衡应用的领域得到了扩展,负载均衡集群使应用负载可以在计算机集群中尽可能平均地分摊处理,从而大大提高整体应用系统的处理能力和可靠性。

负载均衡集群方式在很大程度上避免了高可用 HA 集群方式中的不足,这种技术大大提高了应用系统的处理能力和可靠性。在未来很长一段时间内,这种方式将会是业界应用系统架构的首选模式。负载均衡集群方式的不足之处在于负载均衡集群适用于提供相对静态的数据服务,比如 HTTP 服务,因为负载均衡集群的各节点间通常没有共用的存储介质,用户数据被复制成多份,存放于每一个提供该项服务的节点上。负载均衡集群方式对于更为复杂的动态数据服务能力还有待拓展。

（3）科学计算集群。科学计算集群是并行计算的基础,一般应用于较大规模计算能力需求的领域,比如科研院所、气象预报等。通常科学计算集群均涉及专为集群开发的并行应用程序,以解决复杂的科学问题或者在特定领域内的特定课题。科学集群对外就好像一个超级计算机,这种超级计算机内部由十个至上万个独立处理器组成,并且在公共消息传递层上进行通信以运行并行应用程序。此类集群在银行业的应用较少。

2.1.2　虚拟化技术

随着 IT 技术的不断发展,虚拟化技术在近年得到了快速的发展,同时也在大型银行数据中心得到了越来越广泛的应用。虚拟化技术具有一对多和多对一的特点,可以将多个物理资源创建成一个虚拟(逻辑)的资源,也可以将一个物理资源创建成多个虚拟(逻辑)的资源,通过合理地利用虚拟化,可以大大提高银行系统资源利用率,同时也能提高部署于系统资源上应用系统的可靠性。针对银行开放平台系统的虚拟化技术主要有小型机虚拟化、PC 服务器虚拟化和存储设备虚拟化三个主要方面。

（1）小型机设备虚拟化技术。小型机设备处理能力强,能承担银行开放平台系统核心的、重要的生产应用系统和大部分数据库系统。但是由于硬件资源的限制,单台小型机上部署的分区数有限,通常最多可部署 5～6 个小型机分区。在应用部署过程中,大部分应用系统均采用应用服务器和数据库服务器互备模式,每类业务至少需要两个小型机分区,由此,在开放平台部署应用持续增长的情况下,必然会遇到小型机分区资源限制的问题。

通过运用小型机虚拟化技术,建立虚拟资源池并在虚拟资源池的基础上建立虚拟分区,从而可以消除小型机分区数受硬件资源限制,能根据各虚拟分区的应用负载压力,同时能充分利用各虚拟分区应用特点和业务高峰时间,在各虚拟分区之间动态调整资源,达到最大限度利用资源的效果。

（2）PC 服务器虚拟化技术。开放平台中 X86 架构下 PC 服务器在银行数据中心的应用越来越广泛。随着 PC 服务器技术的发展和采用新架构方式，单台 PC 服务器的处理能力得到了极大提高，虽然与此同时，应用系统对于 PC 服务器的需求也越来越大，通过 PC 服务器虚拟化技术，可以极大地提高设备资源的利用率，改善单台 PC 服务器硬件设备冗余性不高、单台服务器处理能力不强等不足，并通过集群方式或者大数据技术（如 Hadoop）合理分布集群应用在多台物理设备上的负载。

PC 服务器虚拟化技术中，主流的技术包括 VMVARE 平台、微软的 HYPER-V 平台等。这两种平台在各大数据中心已经得到了广泛的应用，目前大型商业银行数据中心已经部署多个大型虚拟机资源池，确保了新项目的顺利投产和已投产项目的稳定运行，实现了资源的最大化利用。

（3）存储设备虚拟化技术。存储设备虚拟化技术是在物理存储系统和服务器之间增加一个虚拟层，用来管理和控制所有存储并对服务器提供存储服务。服务器不直接与存储硬件打交道，存储硬件的递减、调换、分拆、合并对服务器完全透明，从而隐藏了多种存储的复杂性，允许将现有的功能集成使用，摆脱了物理容量的局限性。

2.1.3　大数据技术

大数据是指通过高速捕捉、发现和分析，从海量数据中获取价值的一种新型技术架构。最早关于大数据的案例是美国第二大超市塔吉特利用大数据技术分析女性顾客的消费行为，判断客户是否怀孕，并有针对性地发送孕妇优惠广告，从而成功地提升了销售量。此事令一个蒙在鼓里的父亲意外发现正在上高中的女儿怀孕了，大数据的威力轰动全美。

银行业是数据密集型行业，也是最早运用信息科技技术的行业，大数据的出现对银行业的影响是深刻的、复杂的、多维度的，主要表现在以下几个方面。一是准确把握客户信息。传统客户信息主要来自市场调查、财务统计、信用记录等单一静态渠道，大数据能够通过微博、网络日志、移动电话等现实和虚拟媒介扩大客户数据来源,并跟踪客户的实时行为,如交易结算、语音对话、空间位置等,帮助银行更加准确地了解客户情况。例如,谷歌的小额信贷产品 ZestSurf 通过增加传感装置,可以有效地区分哪些客户暂时减少信贷是因为外部环境因素,或一直是信用较低,避免了有效客户的流失。二是大数据使银行能够打通内外部数据,获得更完整的客户拼图和行为模式,从而进行精准营销和管理。例如,ING Direct 网上银行通过数据分析对客户进行分类,筛选出高回报客户,并为他们提供具有吸引力的利率。

大数据对于信息系统来说,首先带来的问题是挑战,对于金融行业信息系统及数据中心也一样,大数据是规模非常巨大和复杂的数据集,一般来说大数据来源于互联网、多媒体等技术产生的海量数据,但同时还有很多的数据是由传统应用的发展、采集数据源的广度和深度的增加引起的。在面临大数据问题时,传统数据库管理工具、信息系统软件处理起来面临诸多困难,如数据获取方式、存储方式、检索模式、共享、分析模式和可视化展现等在数据量达到 PB、EB 或 ZB 的级别时,都会产生很大的变化。大数据的特征可以概括为 4V。一是数据容量大(Volume),大数据不再局限于样本数据,而是反映了数据总体和全集的概念,且数据量持续快速增加;二是处理速度快(Velocity),大数据利用云计算等存储技术实现了海量数据的秒级动态处理;三是多样化(Variety)数据类型和来源;四是价值密度低(Value),由于大量有用和没用的数据并存,大数据"遍地是金子,又遍地是沙子"。大数据也引发了一些问题,如对数据库高并发读写要求,对海量数据的高效率存储和访问需求,对数据库高可扩展性和高可用性的需求,传统关系型、SQL 类型数据库的处理模式和性能对于大数据处理来说力不从心,运用传统的软件工具、应用系统、数据处理模式等均无法应对大数据。

在大数据技术的发展过程中,由 APACHE 基金会开发,开源的、基于分布式系统基础架构下的 Hadoop 得到了快速发展和广泛应用。Hadoop 是一个能够让用户轻松架构和使用的分布式计算平台。用户可以轻松地在 Hadoop 上开发和运行处理海量数据的应用程序。它主要有以下几个优点。

(1)高可靠性。Hadoop 在数据存储和处理方面具有较高的可靠性。

（2）高扩展性。Hadoop 是在可用的计算机集群间分配数据并完成计算任务的，这些集群可以方便地扩展到数以千计节点规模。

（3）高性能。Hadoop 能够在节点之间动态地移动数据，并保证各个节点的动态平衡，因此处理速度非常快。

（4）高容错性。Hadoop 能够自动保存数据的多个副本，并且能够自动将失败的任务重新分配。

总之，这些高新技术被引入银行信息系统，既是机遇又是挑战，如何利用和发展好技术，并且配备与之发展及变革相适应的管理模式，对于新形势下大型银行开放平台系统的稳定与发展至关重要。

2.2　开放平台基础架构设计原则

为满足业务连续性要求，提供更可靠、更高效的开放平台系统服务，本研究在银行开放平台基础架构建设方面遵循以下原则：高可用、可扩展、高性能、高安全和易维护。其中，高可用、可扩展和高安全是银行信息系统的根本属性，在系统架构设计过程中应始终关注，确保系统上线后能够平稳运行，并且能够满足监管部门日趋严格的安全性要求；高性能和易维护是银行系统的关键属性，这直接关系到整体系统运维的效率。

2.2.1　高可用

系统可用性是应用研发人员在整个系统设计、研发、测试、投产过程中都必须重点考虑的问题，可用性程度的高低直接影响到业务系统持续对外提供服务的能力，因此，高可用是银行系统需具备的最基本的要求之一。

实现系统的高可用需要对应用设计和基础架构两个层面进行统一考虑。本研究针对大型银行开放平台系统基础架构层面的高可用性进行长期的、深入的、与时俱进的研究，并基于自身的技术特点制订了一套较完备的银行高可用解决方案。对于应用设计上的高可用原则，从以下三个方面进行了研究。

（1）冗余设计。尽可能避免单点风险，即系统中任何一个模块出现异常停止服务时，不会影响整个系统的持续对外服务。根据经验，银行系统的总控程序、公共服务、数据库等模块容易成为单点。

（2）检错设计。当某些模块出现故障未能按预期执行时，系统能够及时报警提示运维人员及时处理。例如，日终批量执行、定时调度执行和核心数据库备份等重要操作就需要进行检错设计。

（3）降低系统复杂度。系统复杂度越高，可能出现故障的环节也就越多，潜在的风险点就越多，因此，降低系统复杂度能够有效提升系统的高可用性。例如，不少系统的应用服务器层采用了 WAS＋CICS 架构而非单一的 WAS 架构，从功能上，后者完全可以替代前者且复杂度明显更低，同时，WAS＋CICS 架构的高可用方案也更加复杂，更具风险。

另外需要加以说明的是，应用系统的高可用性并非依赖某个硬件设备或者软件产品的可靠性来保证，高可用是一个全局性问题，需要综合考虑软件设计和基础架构设计两个层面才能解决。

2.2.2 可扩展

银行的应用系统面临着较大的并发访问压力，并处于持续快速增长的阶段。一方面银行的客户数量巨大，且逐年递增；另一方面随着服务种类的增多以及服务渠道的便利，银行的实际业务量呈几何式增长。以网上银行为例，短短的两三年之内，业务量就从百万级增至几千万级，年均增长率高达 70% 以上。因此，在系统基础架构建设时就要将可扩展性作为最重要的设计原则之一。

关于可扩展性，需要从系统架构和应用设计两个方面加以考虑。

（1）在系统架构设计之初，可扩展性就成为一个重要的系统属性。在负载均衡集群架构的系统中，可以通过增加负载均衡设备或者服务器设备实现系统资源的横向扩展；对于数据库服务器，可以通过数据库的拆分实现数据库系统资源的扩展；对于存储设备可以通过 SAN 网络的合理规划和存储空间的虚拟化，针对不同需求的系统对存储资源进行扩展。

（2）在程序设计时，需要考虑可扩展性。应用程序需要适应开放系统的负载均衡的多应用节点集群机制，集群中各个应用节点不依赖于某个应用节点的内部资源，如内存数据、IP 端口和文件等，即各个节点完全独立对等，不存在相互依赖和调用关系，以便于系统资源的动态弹性扩展。

2.2.3　高性能

评价银行系统的性能主要有两个指标：一是吞吐量，即单位时间能够处理的交易量；二是响应时间，即用户触发一个功能到获得反馈所需的时间。对于某个特定的业务，银行系统的性能与以下两方面因素密切相关：一是应用程序的质量；二是基础软硬件产品的支撑能力。前者具有主观能动性，后者为前者提供服务的同时自然也形成了约束，两者相辅相成，不可分割，需要综合考虑，统筹规划。

银行系统基础架构的高性能可以从系统层面和应用程序层面分别进行分析。在系统层面，为了保证系统高性能、高效率运行，在系统投产时都采用了较新的基础软件版本和业界高端、高配的硬件资源，包括小型机服务器、PC 服务器和存储设备等来提高系统的运算能力，减少响应时间，并采用负载均衡的集群架构支撑日益增长的吞吐量。同时，不断从日常的运维管理中总结经验，优化各基础软件的配置规范，使各基础软件在同一系统中配合运行更加稳定和高效。在此基础之上，进一步通过性能的趋势分析对系统进行合理化扩展。

当前，银行为适应业务发展需要和应用系统特点，不断丰富、完善基础软硬件产品体系，努力改善由基础软硬件能力不足所造成的功能缺失或者性能瓶颈等问题。但仅依靠更换高端设备和提升资源配置来提高应用系统性能是不够的，成本消耗巨大，也无法根本解决系统性能问题。通常来讲，采用提升资源配置的方式来提升性能，其效果不但逐级递减，而且还存在性能拐点，即资源扩充到一定程度反而导致整体性能下降。因此，在应用程序层面，提升应用程序质量才是解决性能瓶颈的有效途径。

2.2.4　高安全

随着银行信息化进程的不断推进,业务运营及日常办公都依托于信息化平台,各类重要文件及敏感数据需要通过计算机和网络进行存储和传输,信息安全问题受到银行监管部门及行内管理层的高度重视。

在银行开放平台基础架构建设中,严格执行各监管部门的相关规范,从系统的部署到运维紧把安全关。从系统层面有如下要求。

(1) 敏感数据加密。系统内的用户、密码等文件,都通过加密方式进行保存。

(2) 禁用高风险协议。例如 Telnet、FTP 等高风险协议,在系统内严格禁止使用,通过封锁端口等方式从技术层面加以实现。

(3) 用户分离。系统管理员与数据库管理员用户分离,从人员管理和用户管理的角度提高系统的安全性。

(4) 定期修改相关密码。系统管理员密码和数据库密码都必须定期修改,提高密码安全性,避免密码泄露。

(5) 高级权限用户上收。具有高级权限的用户进行上收,例如 root 和 sa 等,系统管理员如需使用,需要得到职能组长授权。

(6) 系统操作双人复核。任何系统上的变更操作都严格规定双人在岗复核,避免操作风险带来的安全隐患。

另外对所运维的开放平台系统需要进行分级分类管理。按照系统的服务对象、服务时间、监管要求、安全要求等,考虑应用系统的高可用、连续性设计,配置相应的基础架构和资源,如直接面向外部客户服务、7×24 小时、等级保护三级以上的应用系统,与面向内部经营管理、5×9 小时、等级保护三级以内的系统,在高可用设计、资源配置上有较大的差异。对于同类型系统,可按照使用频度再进行细分,如使用频度较高的联机业务系统和使用频度较低的历史查询系统在设计之初就予以区别考虑。

2.2.5　易维护

在系统运维过程中,由于硬件、软件等各种客观因素,必须考虑系统的可维护性,系统维护管理的核心是维护评估和维护验证。系统维护评估的主要工作包括判定维护申请的轻重缓急与合理性、确定维护的可行性、制订维护策略与维护计划等。维护验证是指在主要验证系统维护后,确定是否实现了维护目标、应用程序运行是否正常、支撑的业务运营是否正常等。

一般的,联机系统对开放平台系统连续性要求很高,对系统维护的时间要求比较严格,因此,提高系统架构的易维护特性对于系统和应用的持续服务能力非常重要。集群架构的系统易维护特性和高可用性相辅相成,即可用性高,易维护性也高。在一个应用服务器集群的架构中,即使其中一台或几台应用服务器出现异常,也几乎不影响业务,系统维护可在生产调度部门的协调下,寻找合适时间进行统一维护;而对于非集群架构的系统,系统维护则尽量在停业时间或交易低谷时间进行,对人员技能的要求较高,维护成本也较高。

2.3　开放平台系统基础架构总体设计

大型银行开放平台基础架构对可用性、扩展性、高性能、安全性、易维护性的高要求,使得基础架构规划和设计须具有较高的灵活性,在提高效率的同时也要节约成本。因此,在开放平台基础架构的设计中,不仅要把握设计原则,形成相应的架构设计规范,还要在实际的运维工作中不断完善。

2.3.1　总体目标

未来几年,银行开放平台基础架构建设将以新一代核心银行系统的建设为契机,以支持经营管理战略转型和业务创新为目标,以"夯实基础、完善标准、提升管理、勇于创新"为基本原则,以"立足一年、展望两年,工程驱动、以点带面"为指导思想,以系统安全、稳定、高效运行为中心,实现基础设施建设规范化、标准化、流程化、自动化,加速资源整合,完善系统架构,健全标准规范、优化服务交付,不断提高精细化管理水平,保障基础架构可持续发展。

(1)加快基础架构整合与优化,增强基础架构保障支撑能力。充分利用系统整合和虚拟化技术,淘汰老旧设备,完成基础软件版本升级,不断优化开放平台多层面资源池建设,建立健全基础架构设计指引和技术标准,制订和完善各类系统软硬件平台的配置规范,进一步提升基础架构的弹性、高可用性和可管理能力,降低基础设施资源的复杂度和管理成本。

(2)加强基础设施监控与管理,提升基础设施服务能力。通过智能化的集中监控平台和安全防控体系的建设,变被动应对向主动防控转变,有效降低信息系统的运行风险;通过资源配置管理平台的建设,全面提高对基础设施的管理能力,加强业务目标与基础设施建设方向的一致性,提升基础设施资源配置的精细化管理水平;通过自动化运维管理平台的建设,实现基础设施资源的按需配置和动态调整,提高系统资源交付响应效率。

(3)推动新技术研究与应用,提高基础设施可持续发展水平。以业务发展为导向,按专业技术条线,建立新技术跟踪机制,重点关注桌面、服务器和存储虚拟化技术、负载均衡、高性能数据库服务器技术、海量数据处理技术等,加强新兴技术在核心系统中的应用,选择适当的场景进行情景分析和必要的压力测试,充分验证与掌握风险水平,保证开放平台基础架构设计的前瞻性和持续发展。

2.3.2 设计思路

(1)统一开放平台基础架构建设模型。大型商业银行开放平台涉及总分行多个层面和多个专业领域,因此,必须统一规范,统一全行的建设思路,建立统一的全行开放平台的建设模型。

经过多年的银行 IT 工程建设经验,逐步摸索出了一套比较成熟的大型商业银行开放平台建设模型,如图 2.1 所示。该模型分三个部分:一是银行 IT 系统基础设施实体,一般包括负载均衡设备、服务器、小型机、存储等,这些实体间相互关联,配套衔接,有机构成 IT 基础设施建设的主体;二是技术规范与管理流程,按照专业分工,在项目建设之初,通过原型工程建设或者试点,制订全行统一的技术规范和管理流程,用于指导 IT 基础设施建设和资源配置;三是自动化集成管理平台,将技术规范与管理流程融入自动化集成管理平台中,自动化集成管理基于面向服务结构(SOA),实现对各个实例的 IT 基础设施的资产管理、容量管理、合规检查、集中监控、资源管理、运维管理等,既满足本级机构对 IT 基础设施的管理,也为全行集中管理提供接口。

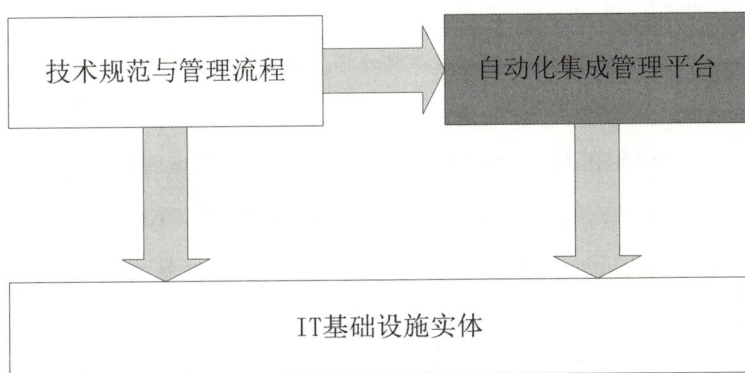

图 2.1　开放平台建设模型

通过对该模型在各级组织层面上的实施,构建了大型商业银行开放平台基础设施建设的总体框架,如图 2.2 所示;通过基于 SOA 架构的自动化集成管理平台实现全行开放平台资源的统一管理;通过虚拟化等技术的广泛应用,构建资源共享、动态调整、按需配置、安全合规的银行 IT 基础资源池。

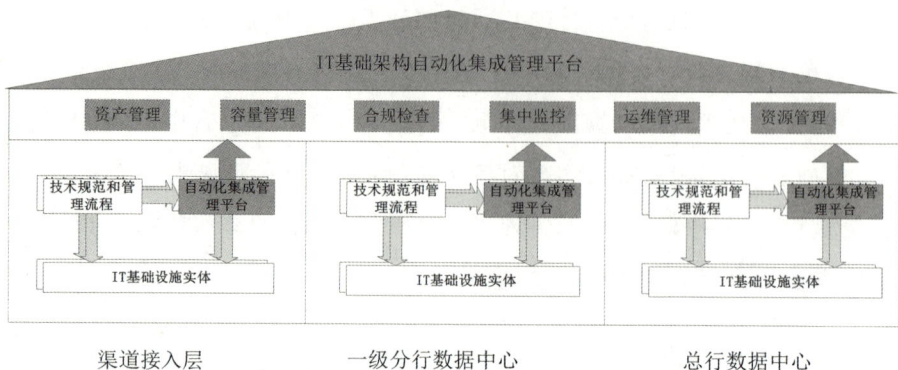

图 2.2　开放平台基础设施建设的总体框架

（2）逐步过渡到可用性更高、扩展性能更优的集群架构。传统的银行系统架构采用主备或者互备模式来保障系统的高可用，这种架构不利于系统的横向扩展，在可用性保障方面也存在一些问题。随着负载均衡技术的日益成熟，可将交易调度、压力均衡、加解密、缓存等公共模块独立出来，采用专业的产品来承担，简化后端应用结构，提高系统的可用性，同时也能够根据交易量、系统资源使用率来动态配置资源，逐步构建更加灵活、更加弹性、更加健壮的银行开放平台系统资源池。

从目前的技术来看，应用服务器的负载均衡技术已经较为成熟，但数据库方面，还需要结合集群数据库和虚拟化技术加以研究试用。根据现有技术发展趋势，应用服务器将逐步统一到 X86 平台上。对系统可靠性、可用性要求较高的数据库，如 OLTP 数据库，主要以小型机为主。随着集群数据库的发展和成熟，考虑对部分数据库采用集群模式，通过集群方式保障系统的可用性，硬件平台可尝试采用 X86 结构，尤其是 OLAP 数据库。未来技术成熟后，可逐步推广到更大范围。

（3）逐步提高精细化、自动化、智能化运维管理水平。经过多年的建设，银行开放平台形成了比较全面、系统的技术规范和制度流程，通过这些规范和制度，可以较好地指导银行的资源配置、系统部署和运维管理。但根据全球 IT 发展趋势和国外银行应用情况，仍有很大空间可进一步完善相关技术规范，完善配套的运维管理制度流程。

　　开放平台覆盖面广、数量众多,管理难度大,仅依靠技术规范和制度流程难以很好地将规范贯彻落实到运维的各个方面,因此,尽快提高自动化、智能化管理水平迫在眉睫。同时通过加大力度升级现有的集中监控平台,建立银行开放平台资源管理平台和自动化运维管理平台,实现银行开放平台的资产管理、容量管理、合规检查、集中监控、资源管理、运维支持的一体化。

2.3.3　物理架构

　　根据上述思路,设计大型银行开放平台系统的物理架构主要分为四个层面:应用交互平台、PC 服务器、小型机和存储,如图 2.3 所示。根据四个层面,按照主要用途、使用范围构建 IT 基础资源池,如金融服务类、经营管理类、开发测试类资源池等。通过资源池的建设,进一步合理规划资源配置,提高资源利用率和运维管理水平,较好地解决市场的高速变化、业务需求的难以预估和资源配置较慢、投入较高三者之间的关系,这也是银行业践行绿色节能的社会责任的重要手段。

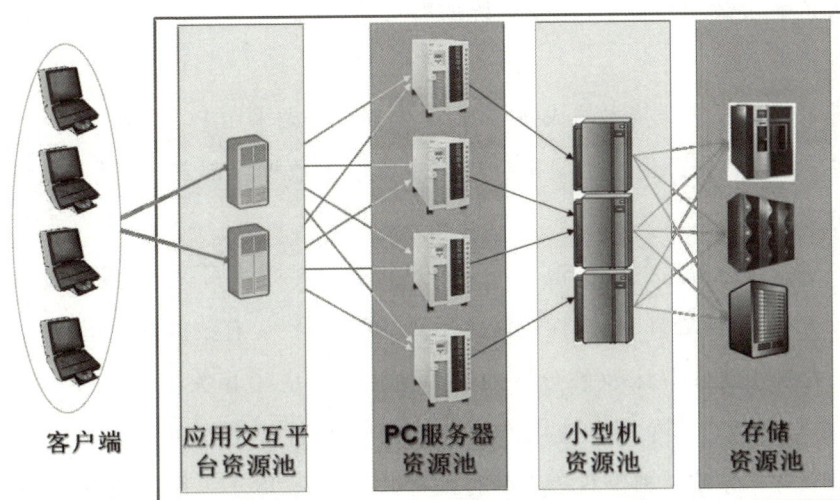

图 2.3　开放平台系统的逻辑架构

（1）应用交互平台资源池。通过使用成熟的负载均衡产品实现统一的应用交互平台。在应用交互平台环境中，通过统一入口，降低复杂性；通过共享模式，提升资源利用率；通过动态调配，提升业务的灵活性，为应用实现负载均衡提供架构支撑。同时，将各个应用产品所需的压缩、SSL 加解密、缓存等公共功能独立出来，通过应用交互平台统一实现，在应用交互平台下的 IT 架构中，统一考虑了应用高可用、应用优化、应用安全及应用资源的动态调配。

（2）PC 服务器资源池。PC 服务器资源池用于应用部署，主要包括以下两个方面。

一是利用虚拟化技术，将原来分散在多个 PC 服务器的单机逻辑集中到一个资源池中。特别是对于某些难以通过应用整合技术实现集中的应用产品，或者处理性能要求不高的应用，通过虚拟化技术以及基于虚拟化的 HA、负载均衡等技术，实现减少 PC 服务器数量、提高资源利用率、简化运维管理、实现动态调整资源和绿色节能的目标。

二是利用应用整合技术，通过建立不同的应用服务器、文件系统、数据库，将原先部署在多台机器上的应用部署到一台高性能 PC 服务器上，利用系统层面的 HA 或者负载均衡技术，保障系统的高可用，从而减少 PC 服务器数量，提高资源利用率。

随着数据库集群技术的成熟，数据库也逐步考虑采用 PC 服务器平台。

（3）小型机资源池。小型机资源池主要用于数据库部署，在银行系统的使用上分为以下三类。

一是基于全分区的资源池。一个小型机分成一个大分区，适用于批量处理压力较大、可错峰处理、稳定性较高的系统，其典型代表有数据分析型系统。

二是基于逻辑分区及硬分区的资源池。按照应用相关性分成多个逻辑分区，每个分区运行多个同类应用产品，适用于可用性要求较高、交易量比较稳定的金融服务类系统。典型代表有分行前置业务系统、电子银行系统、投资业务系统等。

三是基于虚拟分区的资源池。采用虚拟化、微分区、软分区等技术，构建虚拟分区,实现资源的动态、在线调整。适用于可用性要求较低、峰值不固定等系统。典型代表有开发、测试、灾备系统,以及一些可用性、可靠性要求不高的内部管理信息系统。

(4) 存储系统资源池。利用 SAN 整合和存储虚拟化技术,实现存储资源共享访问、按需配置和多级存储(在线、近线、离线),构建存储资源池。多级存储包括以下几类。

一是在线存储,主要用于解决数据的随机访问问题。高端 SAN 存储用于可用性和性能要求较高的重要应用系统,其余使用中端存储。在线存储一般采用速度较快的磁盘构建(如光纤、SAS)。

二是近线存储,主要用于解决访问频度不高的数据的存储需求。作为在线存储的有益补充,将访问频度很高的数据保存在在线存储上,而档案、历史等数据放在近线存储上,近线存储一般采用容量大、速度较低的磁盘构建(如SATA)。

三是离线存储,主要用于解决数据的备份和恢复问题。为防止在线或者近线存储由于系统、设备损毁或者误操作等问题导致数据丢失,通过离线存储对重要数据实现一至多份拷贝,以保障数据的安全。离线存储由于数据有效性校验比较困难,对于历史、档案类数据采用近线存储为主。

2.3.4　部署架构

大型银行开放系统的基础架构从逻辑上可划分为系统接入层、应用服务器层、数据库服务器层及存储四个层次,总体结构如图 2.4 所示。

(1) 系统接入层。系统接入层负责前端访问需求的统一接入,对后端应用服务器的交易分发和负载均衡,一般采用硬件负载均衡设备实现高可用模式下的用户访问接入,并可根据需求和业务量进行横向扩展。其中采用硬件负载均衡设备构建的接入层高可用模式主要有两种。

一是主备 standby 模式。当应用的并发访问压力在一台负载均衡设备的承载能力范围内时,对于系统接入层可采用主备 standby 模式,如图 2.5 所示。即

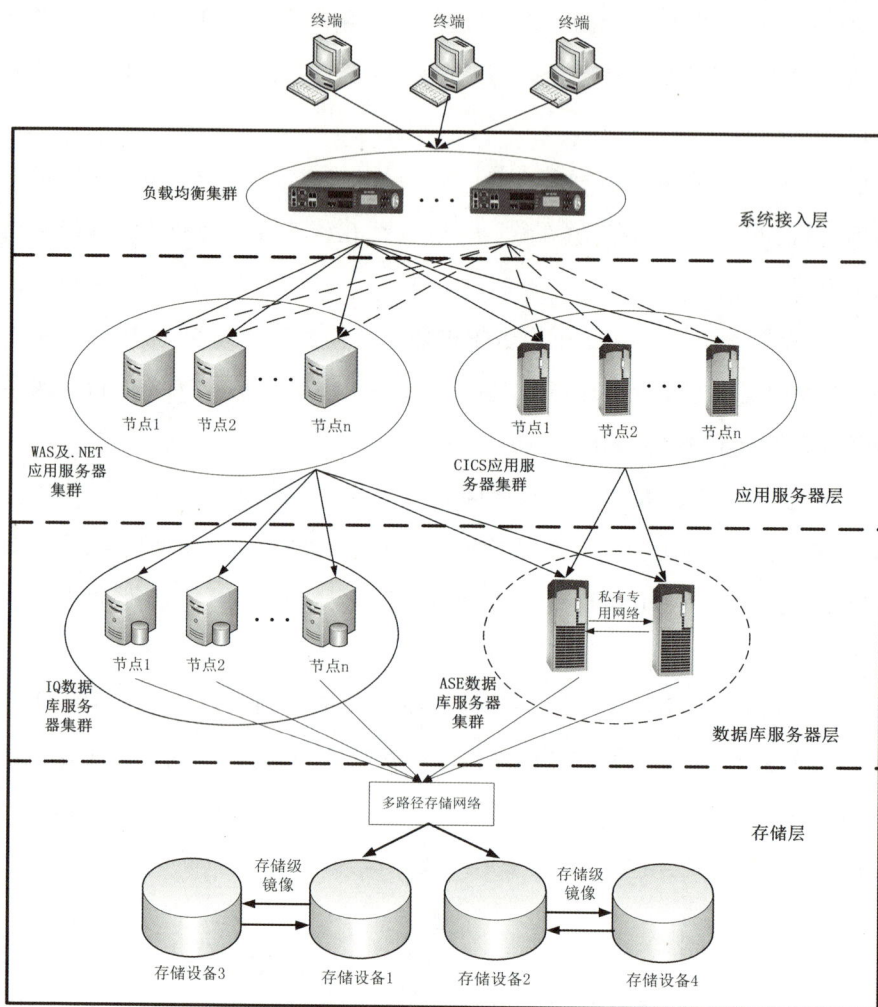

图 2.4　开放平台基础架构

利用双机容错技术将两台负载均衡设备组成"一主一备"的集群以保障系统接入层的高可用性,单台设备发生故障,可以实现毫秒级的主备切换,对用户体验几乎透明。

二是多级负载均衡模式。当应用的并发访问压力超过一台负载均衡设备的承载能力时,就需要进行横向扩展,如图 2.6 所示。以电子银行系统为例,利用

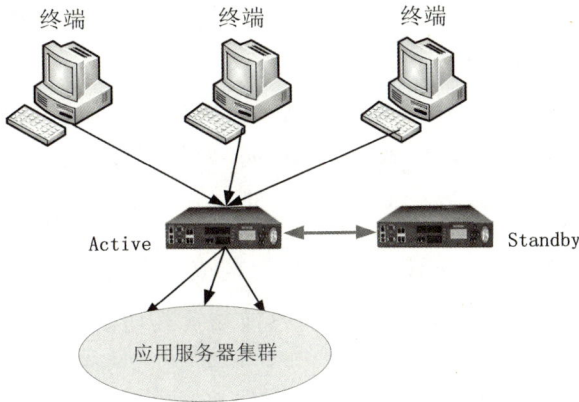

图 2.5　主备 Standby 模式接入

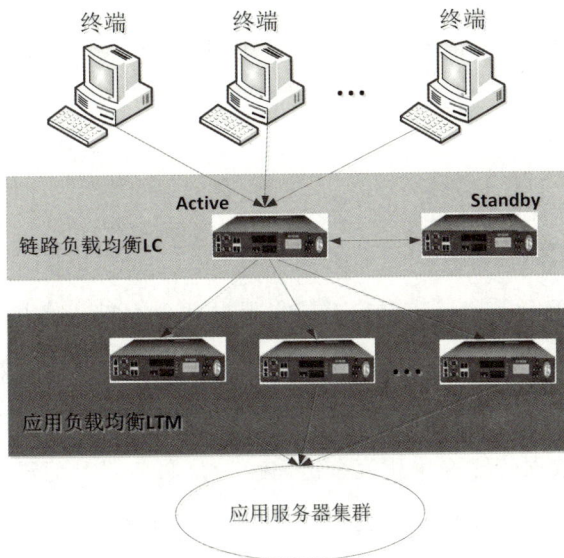

图 2.6　多级负载均衡模式接入

多台设备搭建一个多级负载均衡集群,第一级由处于主备模式的两台链路负载均衡设备构成,实现对下一级应用负载均衡集群进行链路层的负载分发;第二级根据业务压力选用多台应用负载均衡,对后端的应用服务器集群进行负载分发,集群中每个节点的地位相同,共同承担用户访问请求,当一个或多个节点失效时,不会影响系统接入层的可用性。

(2)应用服务器层。应用服务器层负责应用程序的部署和运行,目前银行应用程序一般基于主流的中间件平台开发和运行,如 IBM WAS、IBM Txseries (CICS)和微软的.NET 中间件,产品支持集群功能,集群中各节点采用对等机制,运行状态相对独立,与系统接入层相结合构成一个高可用的负载均衡集群,任何一个应用服务器出现问题,均能够通过前端负载均衡设备和软件及时判断和隔离。

(3)数据库层。数据库层负责提供数据管理服务,数据管理一般采用成熟的厂商产品,如用于联机事务处理的 SybaseASE 数据库产品和适用于联机分析处理的 SybaseIQ 数据库产品。其中 SybaseASE 数据库利用操作系统级的 HA 技术构建一个 Active-Standby 模式的高可用集群;SybaseIQ 数据库利用自身提供的 Multiplex 技术,构建具有一定容错能力的负载均衡集群,各个节点相互协同,同时对外提供服务。

(4)存储层。存储层的高可用模式分为三个层面:一是利用存储设备自身提供的磁盘冗余机制保障存储设备的高可用性;二是利用操作系统逻辑卷管理 (Logical Volume Manager,LVM)工具实现对两台存储设备的同步读写;三是利用系统关联机对上述两台存储设备分别进行存储级镜像,将数据备份到第三台和第四台存储设备上,以保障存储层面的高可用及数据安全。

各层之间的数据传输亦采用冗余链路设计。服务器上配置双以太网卡及双 HBA 卡,采用 Ethernet Channel、Multi Path I/O 技术,并经不同网络路由器或 SAN 交换机接入以太网或存储网络,保证在单个网卡、路由器或交换机出现故障时,不影响网络连通及数据传输,大幅提高了链路传输层的可用性。

在实际大型商业银行的应用中,通常分别从总行、一级分行及二级分行层面来部署,下面将以具体的某国内大型商业银行系统为例进行部署。

①总行层面。总行在 IT 系统部署方面如图 2.7 所示,主要以北京、上海两地为主。其中,上海数据中心以直接面向客户的金融服务类系统,北京以面向内

部经营管理类应用为主,同时包括总分行的灾备系统,软件研发所需的开发、测试和新产品、新技术应用的试验基地等环境。

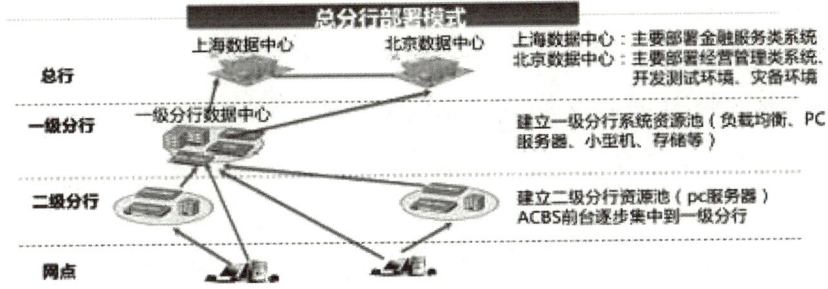

图 2.7　总行层面部署架构

②一级分行。全国数据集中以后,分行主要以核心前置业务为代表的金融服务、经营管理、历史数据查询和开发测试类系统为主。总体部署结构如图 2.8 所示。

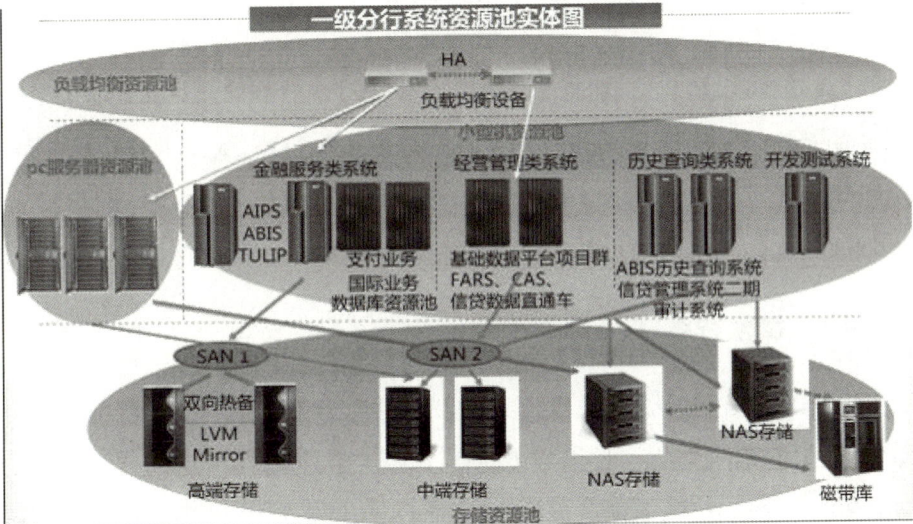

图 2.8　一级分行部署架构

随着新一代核心银行系统的推广以及国际业务系统的全国集中,上述部署结构将略有调整。从目前分析来看,AIPS、Tulip 将仍然保留较长时间,中间层将逐步替换,SNA/IP 技术将逐步转换为纯 IP 结构,BIBS 应用将逐步上收到总行,但同时也陆续有多个新产品在分行投产。在资源配置上,通过老旧设备更换和采购策略调整,按照运行部门逐步统一设备型号和品牌数量,简化基础架构,使得系统管理人员能够术业有专攻,能对某类产品、某类技术掌握和研究得更加熟练、深入。

③二级分行。随着银行重要业务系统陆续上收到一级分行,二级分行系统上主要部署本地办公、经营管理为主的应用系统,以及部分对网络带宽要求非常高的应用,如后督系统的缓存服务器、网络大学的课件服务器等。通过部署高配置的 PC 服务器,建立 PC 服务器资源池以满足二级分行及以下支行的经营管理需求,同时为简化二级分行人员技术要求,可将资源池的管理端集中在一级分行。

2.4 开放平台基础架构建设主要内容

在"高效率、高整合、低能耗、易管理、易扩展、前瞻性"的指导思想下,同时基于上述的基础架构设计原则、目标、思路及总体架构策略,大型商业银行开放平台基础架构建设的主要内容包括:通过技术路线完善基础架构设计,工程实施完成基础架构优化和面向用户需求的集中式运维管理平台的搭建。

2.4.1 技术路线

以引入业界先进理念和技术为契机,完善基础架构设计,提升基础架构的弹性、可用性和可管理能力。技术路线的设计包含负载均衡、PC 服务器资源池、小型机虚拟化、存储管理、数据备份、虚拟桌面云、集群数据库和数据库服务器。

(1) 负载均衡集群试点及推广实施。构建总、分行生产网络、办公网络的负载均衡资源池,通过使用成熟的负载均衡产品建立统一的应用交互平台,为信息系统提供良好的可用性、高处理能力和可扩展性,避免单点失效的风险,并使各个服务器能够均衡处理压力,实现应用层面的优化、安全及应用资源的动态调配。

(2) PC 服务器资源池架构优化。在前期 PC 服务器资源池建设的基础上,对传统机架式服务器、刀片服务器以及 PC 服务器平台的 Intel 和 AMD 两种CPU,对于其虚拟化的支持进行对比研究和分析,进一步对 PC 服务器硬件架构进行优化,充分发挥虚拟化技术的优势,不断完善 PC 服务器资源池建设。

(3) 小型机虚拟化技术研究及应用。结合小型机虚拟化技术,优化部署架构,提高小型机系统整体的可靠性、可用性、灵活性和吞吐量性能,进一步提高资源利用率,满足业务发展快速增长、灵活多变和系统运行安全稳定的要求。以开发测试环境为切入点,制订适应特定开发测试环境的小型机虚拟化部署方案,在开发测试环境中进行小型机虚拟化的实施、推广工作。

(4) 存储管理。建立完整的银行存储管理解决方案,确保所有存储设备能够得到可靠管理、即时监视、自动发现的保障,并引入存储虚拟化管理,充分利用存储所具有的各种特性,优化存储使用性能。与各个主流存储管理软件厂商进行技术交流,了解各厂商产品的技术实现和适用范围。研究和比较业界主要存储管理软件和存储虚拟化技术,结合实际需求对存储管理软件及存储虚拟化技术进行充分测试评估,确定各存储管理软件产品技术和服务需求,启动存储集中管理软件系统的资源配置工作;对存储设备、相关设备的配置和使用现状进行必要的梳理,为管理软件的实施做好必要的准备工作;不断总结存储管理经验,优化存储容量和配置管理,提高存储系统使用效率。

基于存储管理软件和存储虚拟化技术,建立统一的存储管理环境。实现主要存储设备的配置管理、容量管理和性能监控。实现 SAN 网络拓扑结构的集中展示和定期同步更新,并且优化完善高级功能管理。根据具体的应用及设备情况,对存储设备的性能进行前瞻性分析,以达到应用运行的最佳状态。同时,提供远程数据复制等服务,确保系统快速部署及灾备应用。

(5) 海量数据的存储和备份。随着银行各类应用系统数据量的逐年增大，加之数据仓库类型项目的逐渐推广，对于基础数据平台、审计系统等海量数据系统，针对现有的备份和恢复机制存在操作时间窗口不足和重复数据备份等问题，进行海量存储的备份和恢复方案的研究，为银行业生产系统海量数据的备份和恢复提供一个行之有效的方法和手段。

(6) 虚拟桌面云的研究与实施。服务器虚拟化技术在银行业已经得到了广泛应用，并取得了明显效益。为了更好地应用虚拟化技术提升银行业的信息技术水平，以新一代的银行核心系统开发及测试环境两个方面为切入点，在梳理对桌面虚拟化及应用虚拟化的需求、适用场景、可行性，以及对业界主流桌面虚拟化产品调研的前提下，研究其在银行业的适用场景并评估推广，以构建快速交付、安全便捷的桌面虚拟化平台，为提供"高效、绿色、智能"的银行云服务做好技术积累。

(7) 集群数据库技术研究及应用。进一步深入开展集群数据库技术研究工作，尤其关注高可用性、高并发等方面。在高并发情况下，完成集群数据库的高可用性测试，并研究集群数据库架构与中间件及常用软件之间的兼容性。搭建基于试点项目的集群数据库测试环境，全程跟踪开发、测试阶段，解决开发、测试过程中遇到的环境兼容性及配置性问题，总结一套符合银行开放平台系统动态高可用系统架构的数据库集群部署试行规范，从而搭建生产环境，支持试点项目上线。系统上线运行后重点监控系统运行状况，根据实际生产运行情况及时合理调整数据库集群部署试行规范。在不同开放平台操作系统、不同存储设备环境下，验证集群数据库集群技术部署规范可用性，保证数据库新架构的健壮性。根据研究、测试及试点情况，进行数据库集群技术的推广。

(8) 高性能数据库服务器的研究及引入。针对目前大型商业银行开放平台数据库产品存在的不足，深入研究高性能数据库服务器相关技术，寻求适合银行业应用实际的数据库服务高可靠、高并发、高稳定的解决方案，完成相关研究报告。接着引入产品，切实解决部分应用对数据库服务器高并发、高吞吐的要求，寻求在大型商业银行业务量日益增长的背景下，服务器处理能力不足以及数据库并发处理瓶颈的解决方案。

最终建立一套统一标准、安全合规、行之有效的系统技术规范,形成全行基本统一的开放平台架构部署方案,实现软硬件配置标准化。使用全面系统、标准统一的基础设施建设规划和技术规范,集中采购成本降低为原来的 30% 至50%,为低成本的资源集中采购奠定基础,更重要的是降低了运维管理的复杂度。

2.4.2　工程实施

以工程实施为驱动,推动基础架构升级优化,不断完善系统的基础架构建设,提高基础架构的标准化和可持续发展水平。在大型银行全行范围内大力推广管理信息系统整合、备份系统改造、分行 FC-SAN 存储部署架构整合、影像及档案类应用的系统部署及规范工程等。整合过程中充分应用虚拟化等技术,规划构建共享使用、动态调整、按需分配的系统实体资源池。建立系统资源池新的建设方式,摒弃传统按照业务产品配置资源、建立独立基础环境的思路,可使资源投入仅为原有方式的二分之一左右,大幅提高资源利用率,这也充分证明了开放平台系统资源池方式的高效和可靠。具体的工程实施包含以下内容。

(1)新一代核心银行项目全行推广。新一代核心银行项目作为当前及今后几年科技工作的重中之重,是科技工作的中心。将根据新一代银行核心系统的架构特点,结合系统的建设规划,从开发测试、资源配置、总行投产及分行推广四个方面加强对新一代银行核心系统建设的支持与服务。将积极推动各项资源的采购,配合新一代银行核心项目组完成总分行计算机系统架构设计、总分行应用的改造及全行范围的上线推广。

(2)开放平台灾备系统建设。在前期灾备系统建设的基础上,进一步研究开放平台应用部署的灾难备份模式,并规划实施定期的测试演练,依据分行开放平台前置系统升级推广计划,积极有效地制订开放平台灾备建设方案,并充分利用小型机虚拟化技术等先进技术降低一级分行灾备建设工作的复杂度,提高可行性和管理效率,进一步控制操作风险。

2.4.3 集中式运维管理平台

以实际需求为导向,搭建集中式运维管理平台,提升基础架构管理的精细化和自动化水平。以运维管理平台建设为推手,加强基础设施安全管理。全面推广集中监控系统和用户认证与行为审计系统,有效提高系统的实时报警与风险防范能力,确保系统稳定运行。

（1）开放平台集中监控系统的建设与升级。在前期集中监控系统建设的基础上,优化监控架构,增强系统功能,建立面向全行、自动高效、功能全面、统一集中的总、分行两级监控架构,实现总、分行告警事件的实时发现与性能数据的集中管理,降低系统运行风险,提高系统预警能力。制订并完善集中监控管理规范化工作流程,建立面向全行的、科学有效的集中监控体系架构,实现告警事件、性能数据的集中管理,制订应用开发的接口规范,实现与应用、网络等系统的集成。优化系统运行结构和代码质量,不断提升集中监控系统的运行稳定性和可靠性,提升监控管理水平。

（2）开放平台资源配置管理系统建设。研发开放平台资源配置管理系统,对开放平台资源进行全生命周期管理,提供准确的资源和配置的统计、分析和管理功能,逐步实现全行开放平台系统资源的集中、统一管理。

（3）开放平台用户认证与行为审计系统优化。由原来的一级分行独立部署升级改造为总、分行集中分布式部署模式的优化系统架构,实现总行对分行开放平台用户认证与行为审计系统版本监督、控制和升级管理,增加审计操作日志留存和统计功能,加强审计功能的使用管理,解决目前人工查看审计日志效率不高、难以落实的问题,强化系统访问控制和权限管理,降低偶然或恶意入侵给系统带来的威胁。鉴于分行技术力量和厂商支持能力方面存在的问题,为提高问题分析和处置效率,以"开放平台用户认证与行为审计系统"为基础,建立总行对分行的远程在线支持平台,逐步提高操作系统、数据库、中间件、存储、负载均衡设备等基础软硬件的技术支持能力。

（4）开放平台自动化智能运维系统的建设。实现系统资源部署的自动化、标准化、一体化、智能化管理,提高资源自动化部署和管理水平,加快资源分配响应速度。实现基础设施资源的按需配置和动态调整,改善客户体验,保障系统的安全、稳定与高效运行。

开放平台是银行业信息化基础架构的重要领域之一,大型商业银行总行除少数核心业务系统,应用系统全部都基于开放平台构建,一级分行及以下的系统架构全部基于开放平台构建,中小型商业银行全部基于开放平台构建,因此,高性能和易维护是银行开放系统的关键属性,这直接关系到系统运维的效率。而且,开放平台的基础架构将运维对象以一定的方式呈现在运维体系当中,为运维体系的构建提供了基础支撑,并影响着运维体系运转的效率。

第 3 章

大型商业银行开放平台运维体系设计

随着开放平台信息系统规模的不断扩大、银行业务类型的持续增加和产品架构越来越复杂,如前所述,大型商业银行开放平台的运维工作面临诸多挑战,仅仅依靠单一的工具或个人,不可能胜任如此巨大的工作量以满足银行业务连续性的要求。因此,针对大型商业银行开放平台必须有一套完整的运维体系,来指导系统的运营和维护。

目前,银行现有的运维理念基本基于 ITIL,但仅仅依赖或局限于 ITIL,无法更好地把 ITIL 理念和商业银行的具体实际情况结合起来。因此,银行开放平台应当首先对运维管理对象进行系统性的计划、组织、协调与控制,设计一套完善的运维管理体系、流程和制度,从而提供符合实际需求的银行信息系统服务。其中,运维体系设计包含运维服务制度、流程、组织、队伍和技术等方面的内容,结合银行的业务特色,整合运维服务资源,规范运维行为,确保服务质量,形成统一管理、集约高效的一体化运维体系,从而在大型商业银行数据集中的情况下,保障开放系统安全、稳定、高效、持续运行。

3.1 开放平台运维对象

明确银行开放平台的运维对象,深入分析对象的不同特性与运维要求,从而针对特定的运维对象建立相应的管理模式。一般的,开放平台运维对象包含 IT 硬件设备、系统与数据、管理工具与人员。

3.1.1　硬件设备

银行开放平台系统硬件设备在向用户提供 IT 服务的过程中提供了计算、存储与通信等功能,是 IT 服务最直接的物理载体,包括负载均衡设备、服务器、存储等硬件资源。

(1)负载均衡设备。负载均衡设备部署在应用服务器前端,提供负载均衡、应用加速、数据压缩等功能。基于负载均衡设备进行部署的应用,能够实现应用服务器的动态扩展及故障转移,提升整体部署架构的高可用性。负载均衡器为银行业务用户提供统一的访问入口,并将用户请求分发到后端多个应用服务器。负载均衡器一般要求后端的处理节点尽可能采用对等结构,即每个节点实现相同功能、处理能力相当。

(2)服务器。组成银行开放平台系统的服务器主要包含小型机和 PC 服务器两大类。

小型机是性能和价格介于 PC 服务器和大型主机之间的一种高性能 64 位计算机,具有高运算处理能力、高可靠性、高服务性和高可用性等特点。通常小型机及其搭载操作系统由同一厂商提供。小型机一般用于可用性和稳定性要求相对较高的银行业务应用场景,一是用作应用程序数据库服务器;二是用来部署应用程序及中间件(主要是 CICS)服务器。

PC 服务器可作为各类应用的承载平台,以及可用性要求一般的应用场景,如内部管理、数据分析类应用数据库的承载平台。如果系统架构设计上已经具备了高可用的系统,不依赖于某个部件的高可用,同等环境资源和资金资源的投入下,采用 PC 服务器可以获得比小型机更好的处理能力,具有更好的投资回报率。

(3)存储设备。银行开放平台系统的存储设备主要包含 NAS(Network Attached Storage)存储、SAN(Storage Area Network)存储和带库。

NAS 是使用以太网络连接,并具有独立文件管理系统的存储设备,为需要访问和共享大量文件数据的应用环境提供了一个高效、性价比优异的解决方案。常见 NAS 存储支持 NFS 和 CIFS 两种协议,NFS 一般用于 UNIX/Linux 场景,CIFS 一般用于 Windows 场景。

SAN 存储,也称磁盘阵列,使用专用高速通道(如 FC 光纤、ISCSI 等),通过交换机实现服务器到磁盘阵列的连接,以满足系统数据的外部存储、高速传输以及快速读写需求。SAN 存储在读写速度、安全性等方面提供了很好的数据 I/O 服务支持。根据控制器架构及对底层磁盘的划分,SAN 存储有高、中、低端之分。高端 SAN 存储的控制器一般采用 SMP、MPP 架构或处理能力更强的 CPU 芯片,并采用使 I/O 请求更分散的 RAID 处理技术,在硬件扩展性、热插拔、微码升级以及可靠性等方面优于中、低端 SAN 存储;中端 SAN 存储多为双控制器架构,两个控制器同时对外提供 I/O 服务,并互为热备,实现冗余;低端 SAN 存储则多为单控架构。

银行开放系统平台的系统重要数据都必须备份,带库一般用于量大、时效性不强的数据备份及异地备份。带库因可更换磁带而无存储量限制,同时,用带库或磁带机来备份,可避免系统崩溃和病毒破坏数据,当系统崩溃或数据丢失时,带库的备份可以用于数据恢复。

3.1.2 系统与数据

系统与数据是银行 IT 服务的逻辑载体,不仅包含操作系统、数据库、中间件、应用程序等软件资源,还包括业务数据、配置文件、日志等各类数据。

(1) 操作系统。开放平台的操作系统包含 AIX 、HPUX、SLES 和 Windows Server 系列等。

AIX 是运行在 IBM POWER 系列小型机上的操作系统。运行 AIX 操作系统的小型机主要作为数据库服务器与应用服务器使用,SybaseASE、SybaseIQ、Oracle 等数据库产品以及 CICS 等中间件产品均可部署在 AIX 小型机平台。

HPUX 是运行在 HP 小型机上的操作系统。根据 CPU 种类不同,分为

HPUX-PA(针对 PA-RISC 芯片)与 HPUX-IA(针对 IA 芯片)两个版本系列。运行 HPUX 操作系统的小型机主要作为数据库服务器使用,但随着 HP 不再研发 PA-RISC 芯片,HPUX-PA 版本系列已逐步消亡,目前主要使用 HPUX-IA 版本系列。一般情况下,在 PA 芯片上编译的程序,要经过重新编译方可在 IA 平台运行。

SLES(Suse Linux Enterprise Server)是 Novell 公司发布的 Linux 操作系统,通常安装在 PC 服务器上。随着 PC 服务器性能及可靠性的不断提升,其应用范围也越来越广泛。WAS 中间件主要部署在 SLES 平台,SybaseASE 和 SybaseIQ 等数据库产品也越来越多地部署在该平台,以及 PCRM 和 CMS3 数据直通车等系统。

Windows Server 是微软公司的操作系统,运行在 PC Server 上,主要作为 SQL Server 数据库服务器和基于 .NET 架构的应用服务器使用,如新一代网银系统和新一代银行核心系统。相对于 Linux,Windows Server 的投入成本要高出许多。

(2)数据库。大型银行开放平台的后台数据库包含 Sybase 数据库、SQL Server 数据库、Oracle 数据库和 Documentum 等。

Sybase 数据库包括 SybaseASE、SybaseIQ,是广泛应用的联机交易型(Online Transaction Processing,OLTP)、联机分析型(On-Line Analytical Processing,OLAP)数据库产品,在 AIX、SLES 和 HPUX-IA 操作系统上运行。Sybase 数据库通过差异化的技术,能适应不同的运维场景,如 ASE 产品适用于联机事务处理场景,IQ 产品适用于联机分析场景和决策支持场景。针对既有联机事务,又可适应联机分析的混合负载情况,Sybase 数据库则需要根据这两种业务类型的负载比例、容量、并发等条件来动态调整。

SQL Server 是微软公司的数据库产品,在网站、网络终端安全管理、虚拟资源池管理等系统使用。

Oracle 是甲骨文公司的数据库产品,可安装在 AIX、HPUX-PA 及 SLES 等操作系统上,提供了灵活的数据分区功能。Oracle 数据库可以根据数据的取值进行分区,一个分区可以是一个大型表,也可以是易于管理索引的小块,有效地提高了系统操作能力及数据可用性,减少 I/O 瓶颈,适用于联机并发较高的场景,在银行业界使用较为广泛。

Documentum 是易安信公司推出的非结构化数据库产品,通常安装在 Windows 和 SLES 操作系统上,主要用于需要存储、管理非结构数据的应用系统。

(3)中间件。银行开放平台中间件按照功能不同,主要包含交易中间件(CICS、WAS 和 IIS)和消息/传输中间件(TongLink/Q、TongGTP 和 WebSphere MQ)两大类。

CICS 是 IBM 公司的交易中间件产品,主要运行在 AIX 平台。其中 CTG 为用于连接 CICS 的软件,相当于 CICS 的客户端,它提供了 JAVA、.NET 和 C 语言的调用接口,常用部署的系统平台为 AIX、Linux、Windows。

Websphere Application Server(WAS)是国内外大型银行现阶段使用的主流交易中间件,技术成熟运行稳定,主要部署在 SLES 平台上。

IIS 是微软公司的 Web Service 中间件产品,运行在 Windows 平台.NET Framework 环境。.NET Framework 与 IIS 均为 Windows Server 所附带的组件,技术相对成熟,使用较为广泛。

TongLink/Q 是东方通公司的消息中间件产品,目前在 AIX、HPUX、SLES、Windows 等多个平台上广泛使用。TongLink/Q 目前在银行业被广泛使用。

TongGTP 是东方通公司的传输中间件产品,目前主要部署于 SLES 等平台。TongGTP 是国内银行使用最广泛的文件传输中间件,适用于数据交换频繁、数据传输量较大的影像类、基础数据类系统。

WebSphere MQ 是 IBM 公司的消息中间件产品,一般只用于外联第三方的应用系统,平台及版本根据外联第三方的要求进行部署。

3.1.3　管理工具

管理工具能协助管理主体,更高效地管理银行开放平台系统内的各个管理对象,包括基础设施监控软件、IT 监控软件、工作流管理平台、报表平台、短信平台等。

Patrol、MyAME 和 SCOM(Software Center Operation Manager)是大多数大型商业银行目前部署的主流性能监控软件。Patrol 是 BMC 公司生产的专业系统监控套件产品,可在多平台上部署(AIX、HP-UNIX、Linux、Windows 均可),提供数据库、系统和中间件等应用的监控,采集数据并以图形化的形式展示出来。MyAME 是结合银行自身,自主开发的监控工具,采集数据库和中间件的数据,支持异构平台,按照预定设置,提供文字式的报警。SCOM 是 Microsoft System Center 下的一套具有通用价值的管理工具,主要提供服务器监控,可获得应用程序的性能数据和应用之间的依赖拓扑图,同时,可以提供包括代码错误在内的详细诊断信息。SCOM 和 BMC Patrol 在功能上有重叠,例如在对 SQL Server 监控时可互相替代。这三款产品功能互补和冗余,提供 7×24 小时不间断的系统和应用性能监控,同时对监控信息保存一周,为问题诊断和 IT 审计提供依据。

银行开放平台系统存储具有覆盖面广、设备数量多、型号多、管理网复杂、对接系统多等许多管理协议配合的特点,必须通过存储工具进行统一管理,以实现磁盘阵列设备、光纤交换机、路由器设备的管理、NAS 设备的管理以及与存储网络连接的所有服务器(包括小机、PC 服务器、虚拟机)的容量管理。目前,银行大多采用博雅等统一存储监控软件部署存储的监控和管理。

此外,大型商业银行也致力于自主研发管理工具。例如,中国农业银行股份有限公司(以下简称"农行")自行开发的 OpenIMIS 和 OMS 系统是集报警、报表生成和短信发送于一体的平台。OpenIMIS 接口上述的性能监控工具获得及时的性能和报警信息,系统和应用的性能可实时和定期地展示成报表。报警信息可按照个性化设定的规则进行报警归并和过滤,最后按照自主设定的发送人员进行指定的短信、邮件和及时通信发送。OpenIMIS 在农行总行和分行都有部署,适合在开放平台所有类型的操作系统上部署。OMS 是新开发的同类系统,也可满足以上 OpenIMIS 所实现的监控功能。同时,OMS 拥有更多的软件和平台的接口,包括对 IBM 主机系统、网络设备和其他设备硬件皆可实施监控,对异构平台有更加全面的适应性,可提供多方位细致的监控。OpenIMIS 除了系统监控功能,还为开放平台个性化提供数据分析、内部配置信息管理、变更流程管理、值班管理、授权管理、远程系统管理、文件推送和执行等多种服务,是一款以便利开放平台运维为目的的,功能全面、稳定性高的集成管理软件。

IT 服务管理平台(IT Service Management,ITSM)是银行的工作流管理平台。该平台集成了变更流程、事件流程、配置管理库和问题知识库,为大型商业银行总行和分行的所有部门提供流程管理服务。该平台简化了跨部门之间的流程手续,提高了工作效率,明确了变更和事件的级别,并对变更和事件处理时间和过程留痕,便于检查和审计。服务管理平台通过流程设计,明确了部门职责和处理人职责,实现了精细化管理,并促进了问题和事件的快速处理。知识库为应急处理提供了可参考案例,同时存储了大型开放平台系统运维的基础知识和相关材料,便于银行业务和运维人员分享经验及学习。

通过这些管理工具,可以直观地、交互式地感受并考证银行开放平台如何运行管理和相关资源部署情况,从而间接地提升银行 IT 系统的可用性与可靠性。

3.1.4 人力资源

银行开放平台的人力资源管理主要针对运维人员,包括管理人员、技术人员、操作人员以及提供服务的厂商人员。人力资源,一方面作为管理的主体,负责管理开放平台运维对象;另一方面也作为支持系统运行的被管理对象。这类对象与其他运维对象不同,具有很强的主观能动性,其管理的好坏将直接影响整个银行开放平台系统运维管理体系,而不仅仅是运维对象本身。

一个高效的银行开放平台系统运维管理框架,必须包含优秀的技术和管理人员,人员是开放平台运维管理的基础,也是运维管理的核心。具备相应知识背景与管理经验的人员,能有效地整合基础设施、IT 设备、系统与数据、管理工具等运维对象资源,为银行各式前台业务提供符合质量要求的 IT 服务。因此,设计运维管理整体框架,要建立科学合理的人员管理生命周期,包括选、用、培养、考核及解聘,通过合理的组织架构设计与人员分工,最大限度地发挥个人的主观能动性,为组织目标贡献力量。

　　服务商是运维管理的支持者。作为专业化的运维管理,有效地整合管理对象,并最终为应用用户提供专业化的服务才是开放平台服务提供者的核心价值所在。而且,运维管理中涉及很多不同种类的设备,运维人员不可能将所有的技术与管理工作独自承担,如果聘用一批既懂小型机、PC 服务器、存储和负载均衡设备,又懂操作系统、中间件和数据库的人员,对于任何一家银行均是极大的成本支出。因此,需要与许多设备供应和服务提供商建立良好的战略合作关系。

3.2　运维体系整体框架设计

　　结合银行开放平台的实际情况,运维体系的模型构建将涉及各个运维环节,如图 3.1 所示。

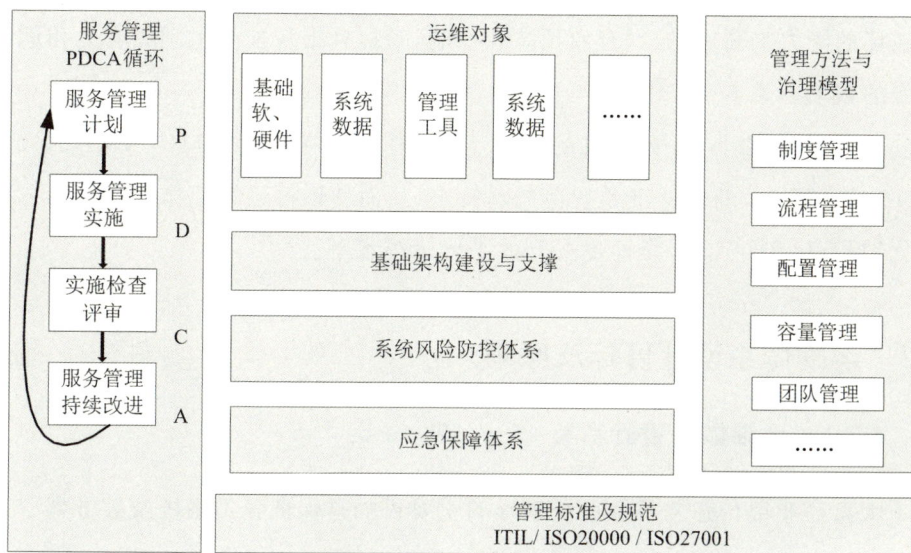

图 3.1　运维体系构建模型

　　各个子体系之间是相对独立而又相互联系的。首先,运维对象奠定了运维体系构建的基础,即需要运维什么;开放平台运维的对象,包含了基础软、硬件,系统与数据,管理工具和人员。其次,基础架构直接决定了运维工作展开的方式,并对运维的质量产生重要影响,如单点架构的系统与集群架构的系统部署,在运维方式、成本及质量等方面肯定存在差异。再次,管理方法与治理模型则是方法论的范畴,通过对管理方法和治理模型的研究,建立适合开放平台的运维及管理的模式,借助于服务台,将服务管理中的制度管理、流程管理、配置管理、容量管理、团队管理等核心内容建成开放平台运维治理模型。

进一步的,在开放平台系统运维过程中,突发事件不可避免,并具有高度的不确定性和复杂性,因此,应急保障体系成为整个运维体系中的重要环节,银行需要构建应急风险管理体系,提升突发事件的应急处置效率,从而全面提升银行生产运行管理水平。应急保障针对突发事件,然而,很多风险可以通过防范措施来规避,以进一步提升银行安全生产的能力。安全风险是广泛存在的,银行开放平台系统的安全性,以防范和抵御对信息非法的使用、访问以及有意无意的泄露与破坏的能力来衡量,做到有效预防和控制,对提升银行安全生产的能力和运维工作的效果至关重要。

以上所述的各个子体系的研究与构建均是在遵循 ITIL/ ISO20000 / ISO27001 等相关管理标准及规范的基础上,从而使银行运维工作开展得更加科学化、规范化和专业化,全面提升开放平台运维水平。

3.3 运维体系设计目标及原则

3.3.1 运维体系设计目标

大型商业银行开放平台系统运维的主要目的是保证各类系统及服务器长期稳定运行,为银行业务提供有力的支撑。具体来讲,运维管理包含合规性、可用性、经济性和服务性四大目标。

(1)合规性。合规性要求在运维管理过程中能避免违反任何法律、制度、标准与合约文件等规定。在运维管理的管理框架设计与执行全过程(包括人员使用、流程设计、产品部署与厂商管理等）中,能充分考虑有关文件和制度的要求,并在运维管理过程中留下相应的记录,建立起相应的管理评估机制,并能向内、外监管部门汇报,已达到合规性的目标。

（2）可用性。可用性要求在运维管理过程中保证开放系统各功能组件保持支持既定功能的能力。在运维管理过程中能准确识别相关功能组件,了解组件的设计能力,定义与组件技术特点相匹配的监控指标,并通过主动与被动的管理,最大限度地保证银行开放系统各管理组件的可用性。

（3）经济性。经济性要求运维团队在整个运维管理周期中实现预先设定的财务目标。在运维管理过程中,建立 IT 财务机制,通过合理的财务预算、会计、成本分析等手段准确、及时地分析、记录运维管理过程中的各项支出。同时,制订相应的计价模式,将运维过程中的成本合理地分摊。此外,要通过财务管理,使运维团队在运维管理中实现成本与其他管理目标的相对均衡。

（4）服务性。服务性指运维团队要建立服务导向型的运维管理框架。从服务的角度出发,分析客户与开放平台的各种交互界面,以此为源头构建各种管理流程,最终形成整体管理框架。按照 ITSM 的要求,设计开放系统前中台运维管理体系,建立服务台、服务等级协议（Service-Level Agreement,SLA）管理、业务关系管理等流程,以此来驱动后台运维管理工作。

3.3.2 运维体系设计原则

基于上述的银行开放平台系统运维体系建设目标,为保证运维管理满足安全可靠性、业务连续性、管理制度体系化等要求,设计运维体系建设原则,包含以下几个方面。

首先,建立完善的运维服务体系和流程。保障运行维护工作的质量和效率,制定相对完善、切实可行的运行维护管理制度和规范,确定各项运维活动的标准流程和相关岗位设置,使操作和维护人员在系统和过程的规范和约束下共同运作。

其次,建立先进、成熟的运维管理平台。通过建立统一、集成、开放、可扩展的运维管理平台,实现对各类运维事件的全面采集、及时处理与合理分析,实现运行维护工作的智能化和高效率。

最后,以高素质的运维服务人才队伍为保障。运维服务的顺利实施离不开高素质的运维服务人员,因此,不断提高运维服务队伍的专业化水平和主观能动性,有效利用技术手段和工具,做好各项运维工作。

3.4 运维体系设计内容

根据上述银行开放平台系统运维体系设计的总体目标和原则要求,提出适用于开放平台的运维体系建设的具体内容,包括制度、流程、服务平台和管理队伍建设等,同时包含运维工作推动的基础架构升级与优化建设。

3.4.1 运维制度建设

按照相关运维标准,总结国内外先进运维管理经验,并结合目前国内大型商业银行的实际情况,制订统一的运维管理制度和规范。通过定期和不定期的检查,促进各项制度规范在总行及分行的贯彻落实,从而建立起统一、规范的运行维护管理工作方式。制度体系建设内容要涵盖开放系统管理、存储和备份管理、技术服务管理、安全管理、文档管理以及人员管理等类别。同时,随着银行信息化建设的不断发展,也要确保各项制度的及时更新。

各类制度的具体内容因需而设,系统管理制度覆盖开放系统的接入管理、用户管理、配置管理及系统日常运行管理和应急处理等。安全管理制度需覆盖各类软件技术的安全管理、其他机密资源和人员的安全管理以及安全事件的应急处理等。

3.4.2 运维流程建设

为加强对开放系统的运行维护管理,确保运维体系高效、协调运行,依据运维管理环节、管理内容、管理要求,制订统一的运行维护工作流程,实现运行维护工作的标准化、规范化和自动化。银行开放平台通过建立运维管理流程，使日常的系统运维工作流程化，人员角色更加明确，从而使解决问题的速度和质量得到有效提高，实现经验知识积累，持续改进系统服务，提高服务对象的满意度。大型商业银行开放平台系统运维流程包含的环节有：事件管理、问题管理、变更管理及配置管理。

（1）事件管理。事件是指在业务运行中发生的某项服务中断或可能影响服务中断、服务质量下降且不属于 IT 标准操作的活动。事件不仅包括硬件和软件错误，还包括服务请求。ISO20000 中定义事件管理的目标为"尽快恢复约定的业务服务或响应服务要求"。事件管理的主要活动包括：记录所有的事件，采用一定的流程管理事件的影响。流程应定义所有事件的记录、优先次序、业务影响、分类、更新、升级、解决和正式关闭。应将客户报告的事件或服务请求的进展情况通知客户，当不能达到服务级别响应时，应提前警告客户，并与客户约定改进计划。事件管理中涉及的所有人员都可以访问到相关的信息，如已知错误、问题解决方案等，对重大事件应有流程进行分类和管理。

事件管理一般涵盖的环节如下。

① 记录。发现并报告事件，支持人工发起的故障请求，同时生成一个事件记录。

② 优先级分配。根据影响度、紧急度、SLA 等来确定事件处理的优先级别。

③ 分类。事件的分类按照事件的级别层次和内容由管理员预先定义，可以灵活调整。只需要从已定义级别中做出选择，不需要手工输入信息。

④ 记录更新。将事件状态及进展情况更新到记录中。

⑤ 升级。当事件处理超过预期时限，根据预定义的升级条件，能够将该事件自动或手动升级到指定的级别，并有相应人员进行处理。

⑥ 解决关闭。事件处理成功后，要关闭事件单，同时也支持非正常的终止事件的功能。

（2）问题管理。问题是指导致事件产生的原因，许多事件往往是由同一个问题引起的。大型银行开放平台系统问题的来源主要有以下几种。

① 已经处理的事件,经过回顾分析后,可能形成一个问题。

② 重大事件,虽然经过紧急处理恢复服务,但未找到根本原因,也形成一个问题。

③ 对于趋势性事件的分析,并形成问题。

问题管理流程可以按照不同领域的问题(如操作系统、中间件、数据库、应用等),由相关领域的技术支持专家来处理。原则上这些专家主要指二线技术专家,他们在负责接受来自一线运维人员的支持请求的同时,也负责对以往事件进行分析,找出事件产生的根本原因,从而确定解决方案,以消除或避免这些根本原因,最终使得此类事件不再发生。此外,也要从发生的事件中找出事件的发展趋势或潜在可能发生的问题,主动提供预防性措施,提高系统可靠性,降低运维成本。

问题管理流程着重于消除事件或减少事件发生,确定事件的根本原因,其流程如下。首先,定期分析事件,找出潜在问题。调查问题以找出原因,制订解决方案、变通方法或提出预防性措施,以消除产生的根源,或在重发时使其影响范围及程度最小化。其次,记录解决方案、变通方法、预防性措施,根据需要添加到知识库中。再次,提出变更请求,对问题的解决方案进行评估。通过提出变更请求以对该方案进行测试和实施。最后,问题必须进行事后回顾,以找出改进机会或总结预防性措施,包括改进事件监测、找出技能差距和改进文档资料等。

(3)变更管理。变更请求通常由于问题的解决方案中需要对生产环境进行某些改变而产生,变更请求来源于问题管理环节或由用户提交。变更管理通过一个单一的职能流程来控制和管理整个信息系统运行环境中的一切变更,包括软件、硬件、网络设备和文档等的变更,具体流程如下。

① 由用户或问题管理环节的维护人员提出变更申请,由运维负责人检查和完善其内容,并进行风险等级、优先级的初步评估。

② 通过分类,确定是否为重大变更、紧急变更。如果是常规变更请求,则由运维负责人安排实施;如果是风险等级为"重大"的变更请求,则应先上报变更管理小组。

③ 根据特定的变更请求成立特定的变更管理小组,成员包括:对该变更申请有批准权的人员,对该变更的评估和批准提供参考意见的技术人员和管理人员。评估内容包括变更的技术可行性、对系统性能的影响、对现有服务的影响、对资源的需求等。

④ 变更管理小组评估后决定是否批准变更申请。变更请求得到批准后,运维负责人安排相应资源进行变更的计划、测试,并制订实施方案,确定实施时间表,分配相应资源,通知请求人。

⑤ 相应岗位实施变更,运维负责人监视实施过程,并在必要时进行协调。

(4) 配置管理。配置管理流程着重于管理银行开放平台系统生产环境中所有必须控制的组成元素,并为事件管理、问题管理等相关流程更有效地运行提供信息,从而确保开放系统环境的完整性和稳定性,配置管理主要流程和内容如下。

① 配置项的识别和维护。确定需要进行配置管理的配置项及其配置属性,指明与生产环境中其他配置项之间的关联关系,并对配置管理数据库(Configuration Management DataBase,CMDB)进行日常维护。

② 配置状态汇总。根据需要,定期产生配置管理报表,使相关人员能够进行相关配置的提取和查询,并定期产生配置项的状态报告,反映配置项的版本和变动历史记录。

③ 审计和确认。定期审核全部或部分配置数据库中的配置项,与物理环境保持一致,从而确保配置信息的实时性和完整性。

④ 计划、回顾和改进。至少每月(或其他时间频率)制订一次计划,以明确下一阶段的配置管理工作;定期回顾流程和审核结果,找出需要改进的配置项。

⑤ CMDB。CMDB 由配置识别活动来定义,配置识别活动不但要定义配置项,还需定义配置结构及配置项的相互关系。

3.4.3　运维队伍建设

银行开放平台系统运维管理队伍建设,主要包含运维队伍组建和运维人员管理两方面。

（1）运维队伍组建。根据目前银行开放平台系统资源现状以及对技术支持的需求，组成各类别维护人员的专家队伍，集中开展开放平台运行维护工作。

（2）运维人员管理。对各级运行维护人员，尤其是高级运行维护人员的管理，应制订一套切实可行的管理办法，包括人员配置、职责划分、人才库建立、人员培训、人员考核、人员待遇等。通过科学的管理办法和有效的激励机制，充分调动各级运行维护人员的工作积极性和责任心，为做好大型商业银行信息系统运行维护工作打好基础。

银行运维体系的设计建立在对运维对象及其特点充分分析的基础之上，通过基础架构的支撑，建立相应的制度、流程来保证运维体系的正常运转，而运维体系的实际构建，还需要对具体方面进行思考，在第 4 章中将对治理模型进行探究。

第4章

大型商业银行开放平台系统治理模型研究

在当今以服务为导向和以客户为中心的业务环境下,维持开放平台的持续运作对银行业具有重大意义。因此,为保证开放平台运维管理的持续发展,在完善优化开放平台基础架构建设的基础上,必须要加强对开放平台运维管理方法的研究和探索。开放平台治理模型研究的主要内容包括制度管理、容量管理、配置管理、流程管理、团队管理、风险管理和应急风险管理等,其中风险管理和应急风险管理是开放平台治理模型研究的核心,具体内容将在后续章节详细介绍。

4.1 制度管理

4.1.1 制度管理的必要性

制度管理是以制度规范为基本手段,协调企业组织集体协作行为的管理方式。制度管理的实质在于以理性的、科学确定的制度规范为组织协作行为提供基本约束机制,主要依靠个人的、科学合理的理性权威实行管理。制度管理是组织可持续发展的重要保障,对于组织管理意义重大。能够降低成本,消除不确定性,同时适当地规避风险,合理地配置资源,提高管理效率,保障生产正常有效进行,实现组织目标和个体目标。

(1)制度是高效的前提。伴随着系统数量的增长,银行开放平台系统运维的工作量日趋庞大,管理流程逐渐复杂,对团队协作的要求越来越高。在这种情况下,共同遵守管理规则和操作流程已成为高效管理的前提。制度建设工作正是通过对管理规则和操作流程的梳理与确定,在整个银行范围内传播统一的规则信息,并将其固化在银行运维成员的思想意识和工作行为中,从而为庞大的商业银行有机体的协调动作提供有力的保障。

(2)规范的制度可以规避风险。规范完善的制度,可以有效地监督运维体系的建立和实施,从而有效地规避风险。通过建立预警系统、完善应急预案,可以增强早期控制力,强化过程处置力。在分析和定位潜在风险的类型、发生的可能性及发生过程、后果影响的基础上,建立具有实战性、动态性、实效性和可操作性的运维管理制度,最大限度地规避运维操作风险。

(3)制度是银行企业文化的载体之一。制度建设工作的过程,也是提炼、凝聚和固化企业优秀文化的过程,它使银行在急速的发展和多边的竞争中保持着高度协调的发展动力和应变能力。作为塑造有形管理规则的制度建设,其实现成果总是有意无意地体现出企业文化特征;企业的制度管理,总是体现着银行领导者对银行基本政策的取向和对银行管理工作的自发诠释;通过执行制度并反馈,银行员工也会对企业文化具有相当的认知。

现代大型商业银行数据集中模式运维管理的技术支持手段,要以上述一系列管理制度规范为基础,以科学的岗责体系为支撑,将规范的工作流程信息化,建设运维支撑系统,升级管理手段,以提供更加方便快捷、科学严谨的管理方式,来支持高效开放平台系统运维体系建设。

4.1.2 制度管理层次模型

为提高开放平台运维工作的协调性和管理的有效性,需要制定系统运行维护和服务工作管理规定。结合银行开放平台运维的实际情况,同时借鉴先进的IT运维管理体系国际标准 ISO20000 要求,管理制度自上而下分为"总办法""分办法""实施细则与操作指南"和"配套表单"4 级,如图 4.1 所示。

图 4.1　制度管理层次模型

第一级：运维管理办法（总办法）。制定涵盖开放平台运维管理全过程的《运维管理办法》，作为指导运维管理工作开展的统领，其内容涵盖系统服务全过程的管理控制点和人员管理等核心内容，包括运维管理模式、归口管理、组织结构与职责、人员岗位与职责、运维管理工作规划与执行、预算保障、绩效评价等方面的管理规定。

第二级：具体管理办法（分办法）。结合系统服务的实际情况，针对管理工作需要而制定的具体管理办法，其范围涵盖系统、网络、机房、桌面、设备备品备件及耗材、文档等，明确管理职责与规范操作流程。

第三级：实施细则与操作指南。在第二级分办法的基础上，按照精细化管理的需要，对一些方面的运行维护工作的具体实施过程与操作程序做出细化准则或指南。

第四级：配套表单。配合第一、二、三级制度的执行而制定的配套表单等，用于记录和备案人、物、行为等信息。

4.2　流程管理

随着银行业务信息化的深入，开放平台上设备及软件的运行维护工作变得越来越复杂,技术难度也越来越高。传统的运行维护系统多以人工为主,这种方式响应慢,故障排除周期长,严重影响了 IT 运维部门对核心业务的支撑。同时,IT 环境的复杂化,使得对维护人员技术能力的要求也越来越高。国际上,为提高 IT 服务质量,使得 IT 资源的使用规范化,英国政府组织一批国际知名 IT 厂商和专家共同研究开发并形成了一套 IT 行业的服务管理标准库,称为 ITIL。20 世纪 90 年代中期,ITIL 已经成为 IT 管理领域事实上的国际标准。

商业银行开放平台服务流程管理以 ITIL 理论为基础,从事件发生到妥善处理并达到业务需求,形成一整套完整的可计量的闭环服务体系,来充分体现 ITIL"以服务为核心、以技术和平台为手段"的服务管理思想。在流程管理中,不同的管理角色拥有不同的权限和不同的界面,各流程管理采用统一的数据库设计原则,使信息的组织、存储和调用获得较高的效率。流程管理主要包括事件管理、问题管理和变更管理。

4.2.1　事件管理

事件管理主要管控引起或可能引起服务中断或服务质量下降的、不符合 IT 服务标准操作的活动。事件不仅包括软、硬件故障,也包括服务请求。当处理多个事件时应根据事件的影响、紧急程度、解决的难易度来决定事件的优先级。如在协议时间内无法解决事件,还应考虑事件的升级流程。

事件管理流程如图 4.2 所示,与问题管理、服务水平管理、变更管理、配置管理有着复杂的联系。首先是事件的发起,在流程图中事件发起主要包括三个方面:客户请求、自动监控系统提供的报警、日常巡检中发现的异常。在事件发生后,事件记录员首先记录该事件。在事件记录员记录事件后,事件经理可根据事件记录对事件进行初步支持和事件分类,在这一步,事件经理需要对事件的紧急程度、重要等级、事件影响和处理难易进行初步分析,由此确定事件的优先级。事件经理把事件设计的配置项关联到 CMDB(记录每个配置项以及不同配置项之间重要关联详情的数据库),并分配事件处理任务到相关受理人员。

事件经理分配任务后,事件受理员需对事件进行分析和处理。处理事件时可参考问题管理的相关信息,深入分析事件,给出解决方案,进入事件的解决过程。事件的解决通常需要通过变更管理流程进行。所以,这一步需要留下变更管理的接口。在处理完事件后,需要和问题管理交互信息。事件确认解决后,由事件记录员关闭事件。

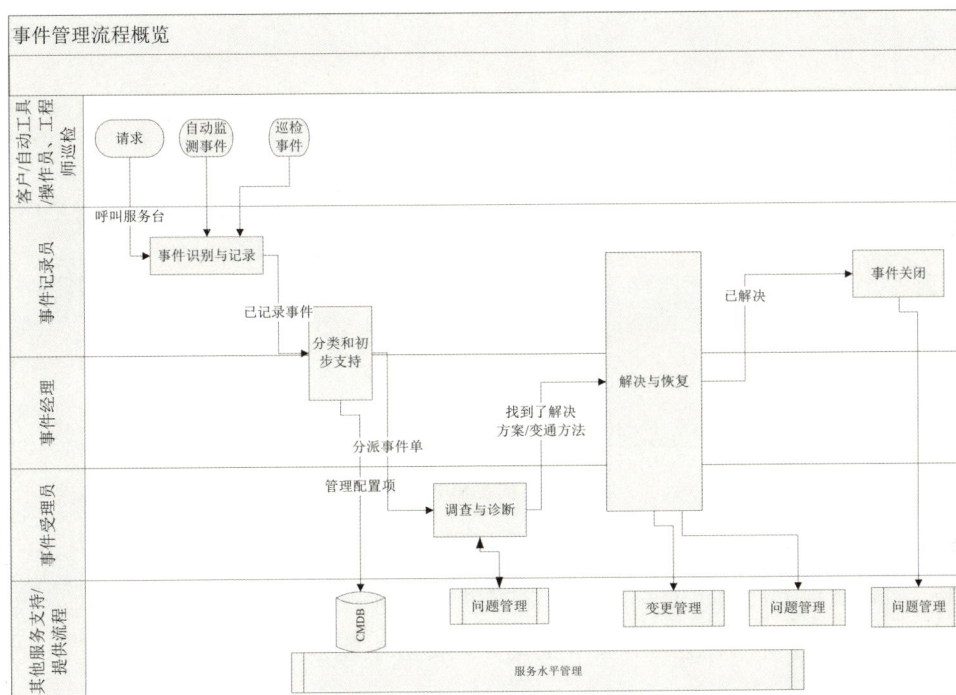

图 4.2　事件管理流程

4.2.2　问题管理

问题管理流程是通过调查和分析 IT 基础架构的薄弱环节,查明事件产生的潜在原因,并制订解决事件的方案和防止事件再发生的方案。与事件管理强调处理速度不同,问题管理强调查出事件的根源,从而制订恰当的解决方案,防止类似事件再次发生。

通常问题管理与事件管理、变更管理、配置管理都有很紧密的联系。图4.3为问题管理流程的主要活动。

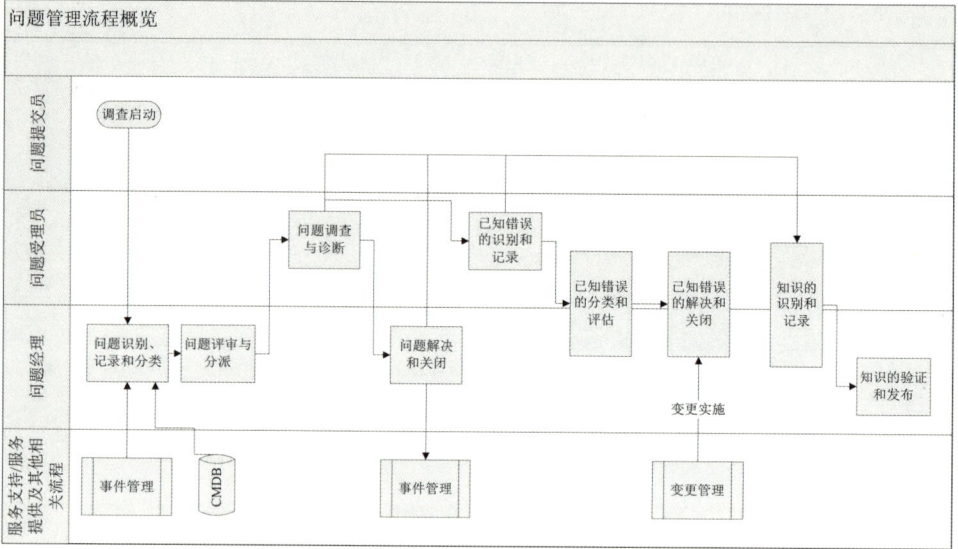

图4.3 问题管理流程

问题管理部门通过对事件等信息的分析提出问题,并由问题管理员记录该问题,问题经理对问题进行分析和处理。该部分工作主要包括四项。

(1) 将问题关联到事件管理流程记录的相关事件。

(2) 将问题关联到配置管理项。

(3) 设定问题的优先级。

(4) 将问题分配给问题受理员处理。

问题经理将问题分派给问题受理员后,问题受理员通过分析,查找问题的原因并制订相关解决措施。之后由问题经理管理问题,通过变更管理进行相关变更,并通过配置管理流程更新相关配置项,最后更新知识库,完成问题处理流程。

问题管理流程本身并不复杂,但很多银行都不能很好地实施问题管理流程。大多数在实施问题管理流程时遇到的最大问题就是"找不到问题",从而导致问题管理流程不能被真正实施。因此,建议采用如下方法发现问题。

（1）充分利用服务报告,从报告中未能满足 SLA 的情况入手发现问题。

（2）充分利用事件管理流程,把具有相关性的事件作为问题管理的研究对象。

（3）利用系统管理工具的监测数据发现问题。

（4）通过客户满意度调查、客户座谈、客户反馈找出问题。

4.2.3　变更管理

变更管理是指在最短的中断时间内,完成基础架构或服务的任何一方面变更的流程。通常情况执行了一个问题管理流程、事件管理流程、服务水平管理流程后,需要通过变更管理实施事件处理方案或问题解决措施。

变更管理在施行中应注意,通过合理的计划和周密的准备把中断业务或服务的时间压缩到最短。图 4.4 是变更管理的主要流程。

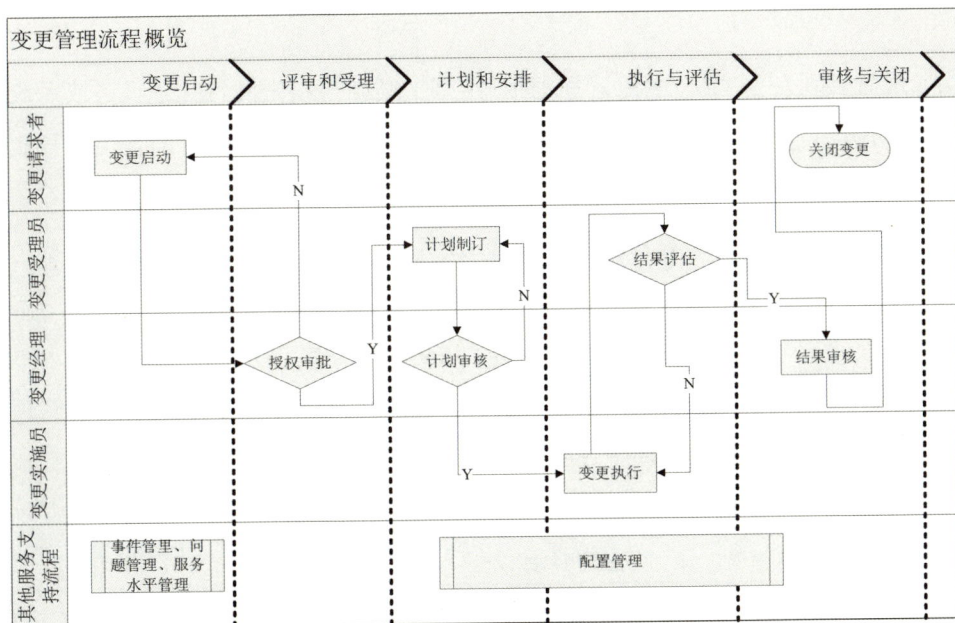

图 4.4　变更管理流程

通常,事件管理流程、问题管理流程、服务水平管理流程都会启动一个变更管理流程。变更经理需要对变更请求进行审批。在这个阶段,变更经理主要对变更请求进行复核,并确定变更的优先级,然后将变更分派给相应的变更受理员进行变更操作。

变更受理员根据变更的情况制订变更执行的详细计划,这些计划应尽量详细,以减少由于变更时间过长而对服务的影响。一般需要在制订变更计划的同时,制订一个变更失败后的回退计划,以避免变更失败对银行系统造成较大影响。

变更经理需要对变更受理员制订的变更计划进行审批,然后交由变更实施人员实施。变更实施后,变更受理员应对变更实施的结果进行检查,以确认变更执行的有效性,并将结果通报变更经理审批。变更经理审批完变更后,变更受理员可以关闭该变更流程。

4.3 配置管理

配置管理是一个描述、跟踪和汇报所有 IT 基础架构中的每一个设备或系统的管理流程。这些设备和系统被称为配置项。配置管理所管理的配置项包括硬件、软件和网络设备、文档等系统基础架构中所有必须控制的组成部分。所有的数据存在 CMDB 中,配置管理还对 CMDB 进行定期审核以确认和维护数据的完整性和一致性。

银行开放平台系统由于其规模庞大、设备类型多样、平台异构性强、技术更新频繁,所以必须将开放平台的配置管理作为核心的运维管理流程。配置管理要确保开放系统及其运行环境中所有的设备、系统及相应的配置信息得到有效完整的记录和维护,包括各设备、系统之间的物理和逻辑关系,从而为实现有效的运维管理奠定基础。配置管理具有以下几个特点。

(1) 在配置管理中,各种流程密切关联,可以实现在工作单完成后或 CAB 同意后自动更新配置项信息的功能。这些特点促进了 ITIL 流程自动化,而这对于配置管理流程是非常重要的。

（2）配置管理自身提供了项目管理功能，描述变更之间的关系，而且记录的信息非常丰富，可以在项目管理中自动复制大量的信息，直接实现项目管理。

（3）配置管理审计非常易于定制，直接在图形界面下选择需要审计的字段就可以一步实现，不需要编写大量的规则来逐条定义。

面对数量庞大、种类繁多的开放平台生产系统，运维人员面临诸多挑战。包括如何加快问题处理的响应速度，如何提升人员之间的沟通效率，如何规范各种项目的投产和资源的调配，以及如何共享各种系统维护的知识资源等。而配置管理正好满足了开放平台生产的实际运维需要，在保证系统管理员、系统监控员、生产用户具体操作流程和分工得以实现的同时，又为各成员提供了协同合作、资源共享的平台。

配置管理的目标在于维护 IT 基础设施信息的记录，并确保这些记录的可靠性，为 ITSM 提供准确的信息。配置管理的原则要求主要有以下两个方面。

（1）配置管理要以"统一规划，分布管理，集中报告"为原则。

"统一规划"即按照统一的分类原则和属性关系定义构建 CMDB，按统一的配置管理流程进行配置项的管理，按照统一的配置审核计划进行审核。"分布管理"是指各配置项所有人根据统一的配置项分类原则分别识别需要纳入配置管理的配置项，按照统一的配置项分类属性收集相关配置信息，负责维护和更新配置信息。"集中报告"即各配置项所有人以标准的报告模板报告所负责的配置项管理情况，由配置流程经理负责汇总报告。

（2）为了保证 CMDB 内信息的正确性，需要定期、不定期对配置信息进行审核。

定期审核每年进行，依据内审管理制度及配置审核计划对 CMDB 与实际情况进行审核。不定期审核在以下情况进行：重大变更与发布前后；客户、外部监管机构要求；执行连续性计划恢复服务后。

4.3.1　配置管理的功能

配置管理具有如下的功能。

（1）CMDB。配置管理中包含有 CMDB，存储所有配置管理的数据和信息，为事件管理、问题管理、变更管理提供了查询、诊断、记录的基础，所有配置信息都是记录在开放的 ODBC 数据库中。配置管理记录各种生产环境中需要被管理的对象：软件、硬件、文档、人员等，实现了全面的信息记录，而且记录对象的分类可以由用户随意定制。CMDB 不仅记录了配置项的详细信息，还能够记录各元素之间的关系：父配置项、子配置项、关联配置项等逻辑关系。配置管理能够维护自身的 CMDB，对其进行各种管理操作。

（2）识别配置项。配置管理在新增加配置项后，自动赋予唯一识别号（搜索代码）以便于管理。同时，配置管理有大量的字段记录配置项的详细信息，默认的字段包含了序列号、版本等信息。此外，配置管理能够灵活地增加新的字段，以满足对各种配置项信息的记录。配置管理为配置项预留了大量的客户化字段，用户只需要选择一个字段的类型（数字、字符、下拉列表、布尔变量、时间、人员等），并且命名这个字段就可以很方便地增加一个新的字段，立即投入使用，而完全不需要编制程序。

配置管理能够以多级、层次化的结构描述配置项的关联逻辑，这种关联逻辑可以以树状结构视图形式展现给操作者。

（3）配置信息的收集。配置管理支持以下两种信息收集方式。

① 从其他管理平台中获得，把配置项及其细节信息记录进流程管理平台中。配置管理能够将标准的 XML 作为数据导入导出的中间文件，XML 文件中的数据列和配置管理中字段存在对应关系，其定义在配置管理图形化界面下实现，所以其他管理平台中配置项及其细节信息可以通过导出一个 XML 文件，再自动导入配置管理的 CMDB 中。

② 使用模板来手工创建一个或多个配置项。配置管理提供资产配置项的模板以帮助管理员快速准确地手工建立配置项，直接采用模板中预先定义的信息，自动填充分类、管理组织、配置情况等，尤其是在一次性手动建立大量配置项的时候，这种方法尤为有效。

（4）配置控制。配置控制能够在配置项的整个生命周期内跟踪配置项的状态,完成跟踪和审计,并提供安全的控制保障。只有经过授权的人员才能够将被认可的和被标识的配置元素及其配置信息输入 CMDB 或更新 CMDB,其他人员对于配置项只具有察看权限,而且只有经过正确的变更程序实施的变更信息才会更新 CMDB。

(5)汇报和状态汇总。根据需要产生配置管理报表,使相关人员能够选择、抓取、分类和返回所查询的 CMDB 数据;定期产生配置项的状态报告,并能反映配置项的版本和变动历史。配置管理汇报按照各种灵活条件选择信息,以表格、饼图、柱状图等各种方式显示配置管理报表,提供灵活的统计功能,支持 Web、Excel 等方式,支持打印功能。这些统计分析可以按照任何字段进行处理,状态、类别、版本等都可以作为处理的要素。由于配置管理的每个模块之间信息紧密关联,例如,对于每个事件都记录了事件发生时关联的配置项,所以很容易从配置项的角度统计分析出所发生的历史事件记录和解决的问题、完成的变更等相关信息。

(6)配置确认。配置管理的数据导入导出功能可以实现与其他数据来源的交互操作和比较分析,确认和实际环境的一致性,从而确保配置信息的完整性。银行常规定义当监控平台发现配置数据变化时,自动更新相应的 CMDB 信息。对于配置数据定期的统计分析,可以通过配置管理数据的导入导出功能结合一定的开发工作实现。配置管理能够在发现配置项物理信息和逻辑信息不一致时,提交变更请求,通过变更管理流程进行安全可靠的调整。

(7)配置项审计。配置管理提供了细粒度的安全管理,可以针对配置项的每一个字段的读写单独授权。对于配置项的视图、操作、表单,都可以基于角色进行权限的定制,保证不同角色的用户登录系统后只能看到与自己职责相关的数据,只能进行与自身职责相关的操作,降低操作风险。对于配置数据的修改,配置管理平台提供了审计的功能,可以记录数据变化前后的值、修改人、修改时间的信息,保证数据的安全性。对于配置数据的修改,配置管理平台也提供了通知的功能,通知的条件包括配置项增加、配置项修改、配置项删除,而通知的方式包括邮件通知和短消息通知等。

4.3.2 配置项管理策略

在配置管理中最基本的信息单元是配置项,所有的软、硬件和各类文档,如服务器、环境、设备、网络设备、台式电脑、移动设备、硬盘、内存、CPU 都可以是配置项。

对配置项遵循以下原则进行分类。

第一,配置项以树状结构进行分类,同一分支下的所有子支拥有并继承父分支的分类属性。

第二,配置项分类第一级别确定配置管理的宽度,最低级别根据具体配置类型的管理需要来确定,从而确定了配置管理的深度。

第三,配置项的分类结构应允许灵活添加子类或类型间的迁移,保持良好的可扩展性。

配置项的主要类型有如下八类。

服务类:由一套或多套设备(或系统)为满足内部和外部用户需要所提供的活动。

系统类:由一台或多台设备及相关软件组成的能提供特定功能的一组装置。如集群、应用系统、网络系统及基础设施系统等。

设备类:能独立提供一定生产功能的装置(一般有独立的机箱,可直接安装于机柜或单独安装)。

组件类:组成设备的主要部件(一般为最小不可分的管理单元),如物理组件(CPU、板卡、机箱及接口)和逻辑组件(分区、文件系统)等。

接入类:完成设备间网络连接功能的部件,如线路、布线等。

软件类:运行于设备或系统之上的程序或代码,如系统软件、应用软件及工具软件等。

信息类:与生产运维紧密相关的数据、文件等,如程序、手册、技术规范、组织图及项目计划等。

人员类:参与生产运维活动、与生产运维活动直接相关的人员,如各岗位人员、第三方服务人员、供应商及服务商等。

　　配置项管理包括配置项属性管理、配置项命名规范管理、配置项关系管理。

　　(1) 配置项属性。配置项的属性可以分为公共属性和分类属性。其中公共属性包括：记录属性——配置项所有人信息、配置项名称及编号等；资产属性——固定资产属性、品牌、型号、供应商、资产所有人等；信息安全属性——配置项信息安全方面的完整性、机密性、可用性；访问属性——具有配置信息的只读、修改、控制权限的角色；状态属性——配置项的状态及状态产生的时间。分类属性是配置项具有的专有属性，如硬件的产品序列号、型号、地点、供应商及硬件厂商等，软件的版本号、类型、许可证信息及软件开发商等。

　　(2) 配置项命名规范。配置项的命名需采用以下策略。

　　① 配置项的命名首先依照现有的命名规范进行命名。目前没有命名规范的配置项，按照新的配置项命名规范命名。

　　② 根据配置项类型制定相应的命名规则，要保证配置项命名的唯一性。

　　(3) 配置项关系。配置项之间存在五种关系，具体如表 4.1 所示。

表 4.1　配置项关系

	服务	系统	设备	组件	接入	软件	信息	人员
服务	对应	对应	对应	—	对应	对应	对应	对应
系统		对应	构成	—	连接	构成	对应	对应
设备			连接	构成	连接	安装	对应	对应
组件				构成	连接	—	对应	对应
接入					连接	—	对应	对应
软件						构成	对应	对应
信息							对应	对应
人员								备份

　　构成：描述物理实体之间的构成关系。CPU 是构成服务器的组件之一，板

卡是构成交换机的组件之一，SNIFFER 采集软件是 SNIFFER 分析软件的一个组件。

连接：描述物理实体间的连接关系。配电柜连接服务器，服务器连接交换机，路由器连接广域网链路。

安装：描述软件或硬件实体物理安装于硬件设备之上。服务器安装于机柜上，机柜安装于机房里，软件安装于服务器上。

备份：描述两个配置项之间的备份（热备、冷备）或并行的关系。双机磁盘阵列中两台数据库服务器互为备份关系，广域网链路之间的备份关系。

对应：描述服务、信息、人员等与逻辑或物理实体间的关系。某信息系统与数据库系统相关，用户手册与某个系统相关，软件与拷贝相关。

4.4　容量管理模型研究

4.4.1　容量管理的概念及目标

容量管理是指对容量进行规划、分析、调整和优化，以及时的方式和合理的成本满足需求的过程。容量管理主要针对已确定的服务级别目标和业务需求来设计、维持相应的银行开放平台服务能力，从而确保实际的服务能够满足要求。简单来说，这是业务需求与 IT 供应之间的平衡，容量管理关注业务与开放平台基础设施之间的关系，不仅要评价现有银行系统生产资源的能力，还要分析和预测开放平台未来发展的需要。

容量管理的意图在于对所有容量以及服务和资源相关的性能问题，进行关注和管理。容量管理的目标有以下几个方面。

（1）生成和维护一个合适的、最新的容量计划，反映当前和将来的业务需要。

（2）在业务和开放平台的其他领域提供容量和性能相关问题的建议和指导。

（3）通过管理服务和资源的容量及性能，保证服务性能满足或超过所有既定的性能指标。

（4）为性能和容量相关的故障及问题的诊断和解决提供帮助。

（5）评估容量计划的所有变更所带来的影响，评估所有服务和资源的性能及容量。

（6）保证提高服务性能的主动措施在成本合理的情况下得到实施。

4.4.2　容量管理的子流程

容量管理除了关注传统意义上的硬件设备的容量和性能以外，还十分注重开放平台基础架构整体服务能力对业务需求的支持。容量管理并不只是追求设备的高容量和高性能，而是结合组织的业务需求和技术成本，来确定有效的能力需求，从而为银行开放平台服务运作设计和配置合理的服务能力。容量管理包含业务容量管理、服务容量管理和资源容量管理三个子流程。

（1）业务容量管理。业务容量管理是在业务层次的容量管理，主要是估计当前的业务、财务、经济和技术等指标。通过借助各种服务对当前资源的使用情况数据的预报、建模或者预测将来的需求来完成业务容量的有效管理。业务容量管理的目的是根据业务需求来预测施加于 IT 系统上的未来业务负荷，其目标是规划并实现容量管理，以适当的成本和风险暗示获得所需的容量。

（2）服务容量管理。服务容量管理关注的是端到端性能、现实状况的开放平台使用和工作负载容量的管理、控制和预测。它可以保证服务目标中符合 SLAs 和 SLRs 的所有服务的性能得到监控和测量，并可以记录、分析和报告所收集的数据。如有必要，可以实行主动的措施来保证所有服务的性能符合既定的业务目标。进一步的，可以把自动化的阈值控制技术应用于运营服务，以保证服务目标被违背或威胁时能够及时地得到识别，并使减少或避免潜在影响成本的合理措施得到实现。

（3）资源容量管理。资源容量管理关注的是对单个技术组件的性能、使用和容量进行管理、控制和预测。这保证拥有限定资源的开放平台基础设施内的所有组件得到监控和测量，并可以记录、分析和报告所收集的数据。同样的，可以将自动化的阈值控制技术应用于所有组件。一般监控组件有主机处理能力、CPU 和内存资源使用率、存储容量、存储空间和 I/O 性能等。

业务容量管理、服务容量管理、资源容量管理三个子流程有许多相似的活动，但是每一个又有其不同的关注点。业务容量管理关注于当前和将来的业务需求，服务容量管理关注于支撑业务的现存服务的传递，而资源容量管理关注于支持 IT 条款的开放平台基础设施。每个子管理流程在容量管理中所扮演的角色如图 4.5 所示。

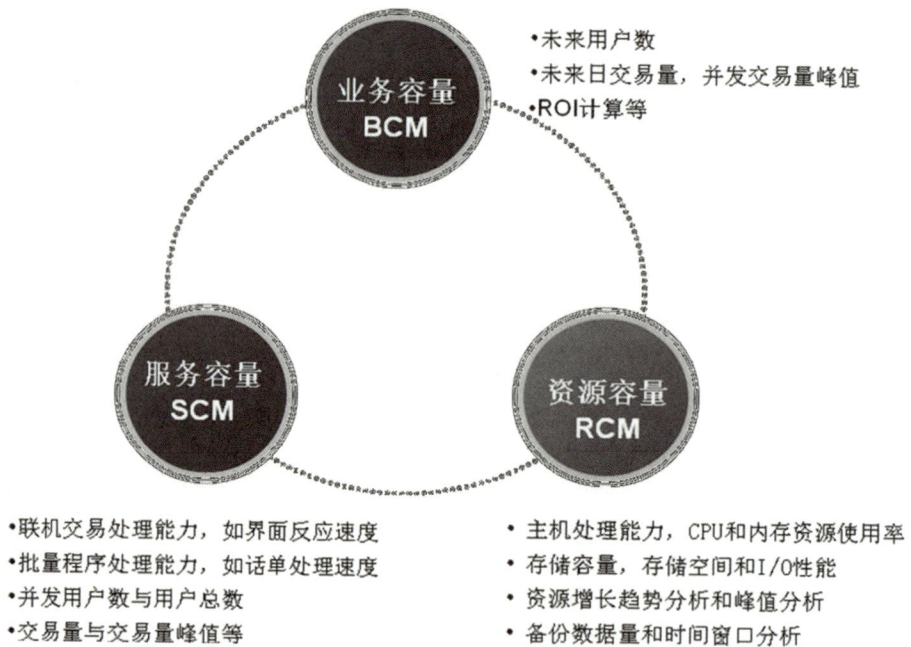

图 4.5　容量管理子流程关系

4.4.3　容量管理的建模

一般可以通过趋势分析和建模来发现开放平台在服务中的潜在变化，识别银行开放平台基础设施和应用中的服务及组件需要做出的调整，从而保证适当的资源处于可用状态。首先,对当前容量使用率进行分析评估,并以此为依据进行建模。之后,基于结果模型,结合实际或对业务增长率的预测,对未来容量的需求变化进行预测。整个过程如下。

(1) 分析过程。分析过程是建模过程的必要条件,分析过程的内容包括:定义 KPI 监控指标、收集 KPI 监控数据、预处理 KPI 监控数据。

(2) 建模过程。将分析过程得到的数据结果作为模型输入,并结合线性回归等方法,建立容量模型。在建模过程中,可以通过反复的数据输入,不断调整更新已建立的模型。

(3) 预测过程。通过已建立的模型,根据实际计算的业务增长趋势,预估未来资源使用的变化情况。

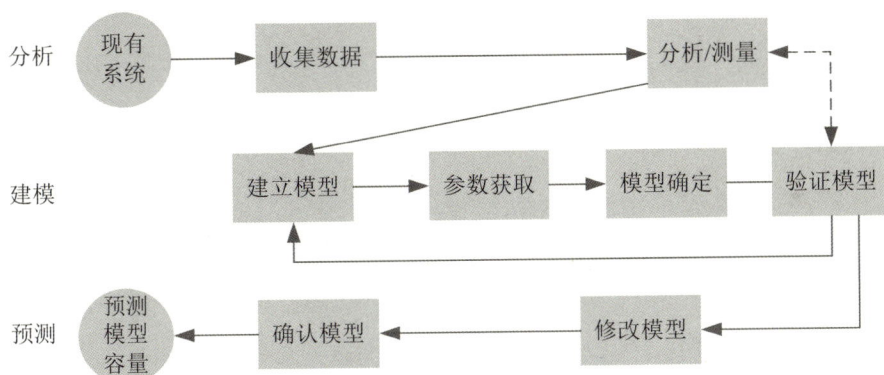

图 4.6　容量管理过程

容量管理过程如图 4.6 所示。其中,针对不同的客观条件和需求,主要有以下两种建模方法。

①分析模型。分析模型又称数据采集模型。在用户生产环境中,收集历史及当前的性能数据,结合业务数据,建立容量增长的趋势模型。例如,基于同等时间实际业务量处理数目与系统 CPU 使用率数据,通过线性回归方式,构建一个线性趋势模型以反映 CPU 使用率与业务处理量之间的关系。示例如图 4.7 所示。

NETWA1 曲线拟合

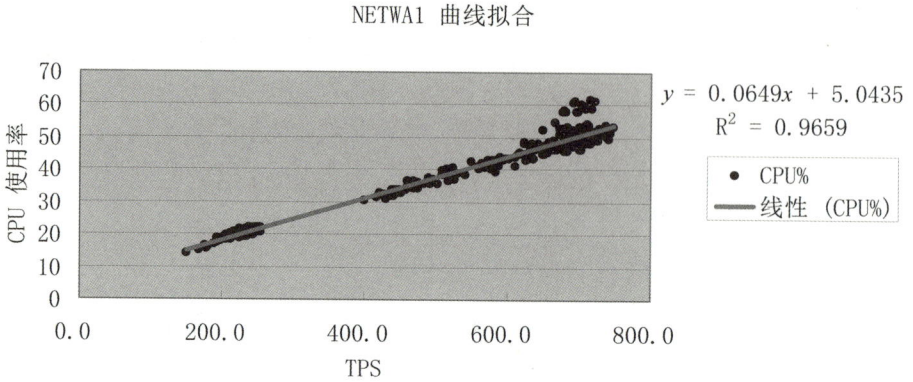

$y = 0.0649x + 5.0435$
$R^2 = 0.9659$

图 4.7 分析模型示例

②仿真模型。仿真模型又称压力测试模型。在测试环境或者待投产环境中,组织开展性能压力测试,通过收集不同的业务压力所对应的资源消耗情况数据,建立容量管理模型。如采用固定的系统配置,通过不断增加测试压力和数据量得出的一系列以响应时间排序的曲线图。示例如图 4.8 所示。

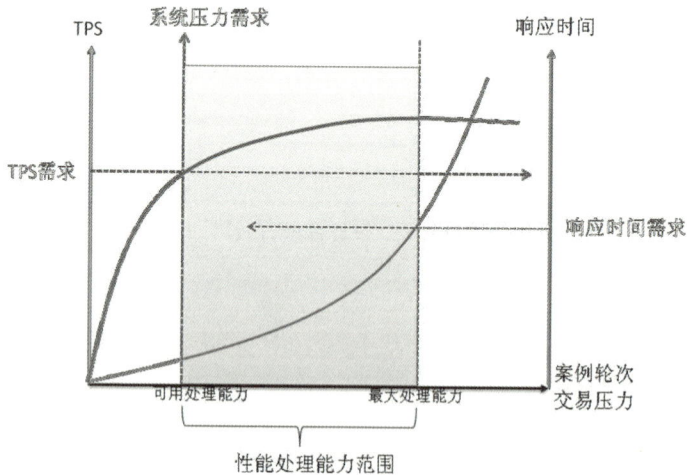

图 4.8 仿真模型示例

无论是分析模型还是仿真模型,前提条件都必须确保应用系统没有性能问题,即在容量管理的建模过程前必须进行必要的优化工作,以确保应用系统没有性能问题。分析模型和仿真模型都存在各自的优缺点和使用场景,详细对比如表 4.2 所示。

表 4.2　分析模型和仿真模型对比

	分析模型	仿真模型
假设场景分析	**对未来的容量需求预测** 根据采集的生产环境容量基线,预测未来一段时间的增长情况(如未来 6 个月每月工作负载增长 20%)	**未来某种压力情况下的容量快照** 根据生产环境容量基线,预测在某种压力情况下的应用性能(如根据当前 10 000 交易/分钟的工作负载,预测 20 000 交易/分钟压力下的应用性能)
基于假设场景的决策支持	**对未来的工作负载及容量进行预测** 如未来 15 个月每月工作负载增长 10%: • 未来 15 个月是否需要采购新硬件以满足工作负载的增长要求? • 如果是,需要什么时候采购? • 如果不是,是否能合并某些服务器以提供资源利用率	**给定架构并基于某种压力情况下的性能快照** 例如,当前架构能每小时处理 20 000 个登录。 • 场景 A:如果压力增长到每小时 40 000 个登录,架构性能会如何?需要增加什么配置的硬件以满足容量增长要求? • 场景 B:如果压力增长为每小时 120 000 个登录,同时增加两台 web 服务器,架构性能会如何
已有架构 VS. 尚未部署架构	**已有架构的未来容量预测** 根据采集的生产环境容量基线,预测未来一段时间的增长情况(如未来 6 个月每月工作负载增长 20%)。例如,如果架构已存在,未来容量将如何变化	**尚未部署架构在某种负载压力下的容量快照** 根据生产环境容量基线,预测在某种压力情况下的应用性能[如根据当前 10 000 交易/分钟的工作负载(测试环境),预测 20 000 交易/分钟压力下的应用性能],如果架构尚未部署,在该负载压力下应用性能如何

4.4.4 容量管理的实施

容量管理的实施是一个长期并充满挑战性的系统工程,上述方法论的有效实施仍需要一些前提性的活动做支撑。那么究竟如何才能把容量管理落到实处呢? 在此,给出如下建议。

(1) 制订计划。首先要建立一套适应银行需求的,可衡量、可控制、灵活高效的管理流程以及数据流整体定义。容量管理需要包括业务部门、科技部门在内的多个部门的协同工作,而绝不是一个人、一个部门的力量能够完成的,只有通过流程的建立才能够推动银行高效地完成这些任务。

(2) 方案实施与运维。容量管理的目标就是要预测未来的容量需求,并通过容量计划来分配可用的管理资源。为了进行容量预测,银行需要将业务需求转化成 IT 需求,IT 需求还会进一步转换并落实到开放平台组件的层级,而所有的这些转化都与开放平台的基础架构直接相关。为了确保预测的可靠性和准确性,银行需要大量的历史数据作为分析的基础,这就意味着必须要拥有一个适应容量管理需求的全面系统监控体系。在确定上述监控体系后,根据容量管理的需求,制订各类监控、性能指标和范围(包括操作系统、数据库、中间件、应用、批量、备份、服务器、存储等开放平台组件设备)。之后,对上述 KPI 指标统一进行监控并收集一段时间内的监控数据。服务器部分监控 KPI 示例如表 4.3 所示。

表 4.3　监控 KIP 示例

评估对象	容量 KPI	性能 KPI
服务器	CPU 数量、内存大小、光纤卡个数、网卡个数	CPU 使用率、内存使用率、磁盘繁忙率、光纤卡流量、网卡流量

(3) 分析与建模。基于收集的原始监控数据,进行分析处理。如服务器 CPU 使用率,在过去一个月中的平均值和峰值大小、出现的特殊时刻与业务访问的映射关系、CPU 使用率的高低与业务量的对应比例等。统一预处理完成

后,将此部分数据作为建模工具输入项,建模工具利用事先已定义的方法论,对数据进行二次处理并生成模型公式。基于模型公式,分别从资源容量、服务容量、业务容量角度进行分析,预测未来容量使用的变化趋势。

① 资源容量。根据当前业务量的平均每月环比增长率,利用与 CPU 使用率之间的线性模型公式,预测未来三年内 CPU 的使用率增长情况,如何时将达到设定的报警阈值。若两年之内将到达此临界点,则建议及时升级 CPU。

② 服务容量。对比各项服务实际响应时间与银行定义要求的服务考核指标,查看当前实际情况是否达到硬性考核指标要求。若符合,则基于模型计算未来三年内该服务实际响应时间的变化趋势,如何时将达到设定的临界点;若否,则深入分析服务所包含的各子环节,定位问题环节并及时解决。

③ 根据业务历史增长数据,计算业务每月增长率。从业务角度出发,记录当容量到达报警阈值时,业务的最大处理能力为多少。按此最大业务处理能力,当服务出现中断宕机时,多长时间内能够处理完成积压的业务数据。

(4)优化与修正。虽然上述环节已完成了容量模型的建立,并对容量未来使用的变化趋势进行了分析,但是银行的业务不断推陈出新,开放平台面临的环境也在不断变化。硬件升级、软件新应用部署和软件旧应用下线更新等因素都将影响已创建模型的准确度和正确度。因此,容量管理人员需要重新抓取原始监控数据,包括为新业务制订的监控指标、重新搭建仿真模型等,不断修正和调整生成的模型,以最大准确度来反映未来容量使用的变化趋势。

4.4.5 容量管理的指标

容量管理实施过程中或在部分活动完成后,一些关键性能指标和度量标准可被用来判断容量管理的效率和效果。指标可以分为以下四类。

(1)业务预测指标。这类指标主要检测开放平台系统是否按时对负载产出进行预测,是否及时把业务规划结合到容量规划中。合理运用这些指标,有利于减少业务规划和容量规划之间的差异。

(2)技术知识指标。这类指标监测服务和组件的性能以及吞吐量的增强能力。合理运用这些指标,有助于及时调整和实施符合业务需求的新技术,也有助于减少由性能或支持导致的违背 SLAs 的旧技术的使用。

（3）成本效益能力指标。这类指标旨在减少在最后时刻进行采购以应付紧急性能问题情况下的容量过剩问题,减少由缺乏容量导致的业务失败,同时减少容量规划的成本。

（4）规划和实施能力指标。充分利用该类指标可以减少因为性能不佳导致的故障的数量,减少因为容量不足导致的业务损失,减少因为服务性能不佳或组件性能不佳导致的违背 SLA 的情况的数量,使所有实施的新服务符合 SLRs。

4.5　团队管理

要完成大型商业银行开放平台的上述基础架构和管理任务,必须依靠专业化的技术人员和强大的团队凝聚力。因此,如何进行高效的团队管理是大型商业银行开放平台运维管理的重要研究领域之一。

目前,大多数商业银行开放平台的运维团队是一支年轻化、高学历的队伍。团队的核心资源构成包括系统管理员、安全员和第三方服务支持人员。其中,系统管理员们主要从事对小型机、PC 服务器、数据库、中间件、负载均衡、存储设备、备份设备、虚拟池的安装、配置、性能调优和维护。同时,部分管理员从事维护工具的开发或运维管理。系统管理员是团队的主力,按照工作年限划分,可以分为专家级管理员（8 年以上的工作经验）、高级管理员（5 年到 8 年工作经验）、中级管理员（3 年到 5 年工作经验）,以及初级管理员（3 年以下工作经验）。此外,团队中还需配有安全员,来负责安全管理和监控配置。第三方服务支持人员包括两类:一类是技术和设备类的原厂服务人员,另一类是协助运维的第三方运维服务人员。由于有原厂商的二、三线和实验室的技术支持和培训,原厂服务人员可以为开放平台的主要技术难题提供解决方案,也为开放平台部门的员工提供一些相应的技术培训。原厂服务人员的参与以及与他们的密切互动,有助于部门人员的技术成长,同时也分担了一些操作风险。其余的第三方运维服务人员是全方位支持开放平台运维的辅助人员,通过充分利用他们自身的技术特点,来协助部门员工解决各种技术问题。

从教育水平来看,开放平台的人员总体受教育程度较高,主要以硕士为主,也不乏博士和海外留学人员,团队人员的平均年龄低于 30 岁。因此,客观来说,这是一支技术过硬、踏实肯干、善于学习的队伍。但如何管理好这些人员,使其充分发挥各自的特长优势和团队协同效应是开放平台运维管理的一项重大挑战。下面从银行开放平台运维团队的管理现状入手,分析管理中面临的一些问题和不足,并针对这些问题提出改革方案和解决措施。

4.5.1　运维团队的管理现状

大型商业银行的管理者已充分认识到现代银行业对 IT 技术的依赖性以及信息化对业务的催生性,在运维管理中将业务和技术进行有机结合是必然的选择。在融合了众多先进的现代管理理念后,银行开放平台对运维团队的管理进行了复合分类管理。一方面,运维团队按照业务类型被分成了若干业务小组,这些小组可以基于对系统的熟悉程度,快速地响应业务要求,解决业务问题,和业务部门保持利益和信息的一致。另一方面,传统的按照技术分类的运维模式,也在虚拟组中被保留下来。技术标准的统一是提供优质服务的关键,这些技术标准的制订、运维问题的解决汇总和发布也需要统一的接口。开放系统本身涉及的技术类型比较多,技术的更新速度非常迅速,及时提高相应运维人员的技能和素质,是提供优质服务的基础。

在这样的团队架构下,银行开放平台的运维还可以实施轮岗制度,既有一线全天 24 小时的值班,又有二线值班对一线的报警进行复合值班。这些措施在保障开放平台能够不间断地为业务部门提供 7×24 的服务响应的同时,也对工作中的问题进行及时分析,并提出有效的解决方案。

在现行的管理体制下,目前银行开放平台运行总体良好,但是和其他的运维团队一样,特别是金融机构以及实时服务机构,也面临着许多共同和各自特有的问题。只有在这些问题得到解决后,服务效率才能更好地提高。运维团队管理中所面临的问题可以概括为以下几类。

（1）劳动强度大，时间长。工作强度大是运维行业面临的普遍问题，尤其在银行业这种现象尤为突出。造成这种现象的原因是多方面的。现在的商业银行主要依靠信息系统进行业务办理，白天是商业银行的正常工作时间，信息系统日间的暂停将影响业务的办理，这就会造成巨大的经济损失和不良的社会影响。因此这就使得系统升级等例行工作必须在夜间完成，其他大多数的变更也因为同样的原因要在下班之后才开始进行。而商业银行所承担的社会责任，也要求其必须提供稳定的业务和服务来满足公众的要求，保护公众资产安全，维护金融稳定和持续发展，这都增加了商业银行开放平台运维管理的工作量。与银行开发部门不同，开放平台属于业务第一线，这就需要加快工作进度和速度以保障应用的上线，这无疑对每一位运维人员都提出了更高的要求。造成工作强度大的另一个重要的原因是目前成熟的运维人员缺口比较大，而信息化的进程增速远远超过运维人员培养的速度。成熟的运维人员不仅要加班完成日常工作，而且还要负担一部分培训的责任，单人多责，一心多用，劳动量不可避免地增大了。

（2）低成就感。目前，大多数商业银行开放平台运维团队以年轻人为主，运维工作本身的工作对象却是机器，而银行业又是讲求精准、追求稳定性的行业。进入计算机行业的年轻人的思维较活跃，如果是被动地进行运维救急工作，或者从事一些日复一日的低端工作，对有事业进取心的人是很难有满足感的。新鲜感消失后，就会对个人的未来进行探索和规划，会对环境进行思考，重新进行个人选择。

（3）人员流失率高。造成人员高流失率的原因非常多，既有企业因素也有个人因素。企业因素包括缺少对运维人员的认可和激励机制、不清晰的发展空间以及缺乏规划和培训等。个人的因素相对复杂，例如，市场对运维人员的需求较大，各家公司对人才的竞争激烈，个人的经济和家庭压力，缺乏弹性工作制，员工个人的职业规划与行业发展之间的冲突，员工对公司文化的不认同等。此外，队伍的年轻化和年轻人的不稳定性，都会导致人员的高流失率。

4.5.2　运维团队的管理改革

要解决以上问题,需要银行对管理方式和管理观念进行彻底的改变。要保持团队的高素质和稳定性就需要在选人、育人、用人、留人方面下功夫,建立有统一共识的企业价值观和科学的人员招聘制度,把员工的职业规划和企业的发展战略结合起来,提供多元化的薪酬激励机制等系统的人力资源体系,把保持员工队伍稳定可持续发展和实现企业的人力资本增值提高到企业战略的高度上来。具体的改革方案列举如下。

(1) 针对劳动时间长的问题,可以考虑制定合理的补休、调休制度,或者实行白班、晚班和长白班制度,劳逸结合。

(2) 每个运维人员必须明确相应的岗位要求和职责。开放平台运维岗位应按实际工作中所涉及的 IT 专业设置。由于工作量的不平衡,在信息安全不互斥的情况下,可以兼任其他岗位,相互渗透。开放平台应明确岗位的关键绩效指标和标准,在有统一标准的情况下,个人的奋斗目标就比较明确,这对成就感的培养也是相当重要的。薪酬也需要和工作量及工作内容进行挂钩,并且制订多元化的薪酬激励机制。管理人员应该多鼓励下属并充分信任下属,使其有团队荣誉感和归属感。

(3) 建立科学的员工招聘制度,有利于在源头上避免员工流失带来的问题。部门在招聘新员工时应对候选人进行三个方面的测试:技术能力测试、职业性向测试和情商测试。技术能力测试主要考查候选人的工作能力和素质;职业性向测试,即考查候选人是否具有在企业长期工作的愿望以及个人的性格能否与本行业的特点契合;情商测试考查候选人的沟通能力、与他人合作的态度以及是否具有建立良好人际关系的能力。只有对候选人进行全面考查,才可以维持开放平台运维团队的稳定性和专业性。

(4) 建立一个有效的运维团队的培训机制。银行业的业务支撑系统平均每年都会做一次升级,每两年做一次全面改造,运维人员的知识和技能必须不断更新,以适应快速变化的 IT 产业,从而保持其技术优势和竞争力。所以运维团队管理必须重视培训投入,提供较好的教育培训机会。一般需要为运维人员提供全面的技术知识培训,包括运维技能、安全意识和英语能力三方面。在运维技能方面,开放平台部门可以不间断邀请供应商提供技术类的培训,一方面以定期考试的模式,督促和考核员工的技术进展和能力,另一方面让专业不相同的组员进行技术交叉考核,提供全面了解和掌握部门技术的机会,促进技术交流。另外也可以在部门内组织适当的技术考核或鼓励员工考取相应技术类证书,并且适当给予奖励,以激励员工不断学习,提升自身的技术能力。

运维中的问题除来自机械故障,还有一部分来自人为操作,这就需要着重培养运维团队的安全意识。首先要加强运维人员的个人安全意识。主观上要从历史案件中学习和吸取教训,客观上也需要通过技术手段和规章制度的规范,来防范个人安全风险的出现并减少影响程度。例如,系统管理员 root 权限的上收和试用申请制度,"双人临岗"的变更制度和强制性报警处理以及复核措施等,都是相应的辅助管理措施。同时,应严格遵守安全管理的相关规定,虽不放开第三方人员在生产系统上单独工作的权限,但是可考虑增加相应的规章制度,为充分利用资源和技术提供机会。另外,开放平台相关工具和官方网站往往都是英文的,出于运维的实际需要和下载软件的可靠性考虑,必须提高运维人员的英文水平,加强相关培训。

第 4 章所述的制度管理、流程管理、配置管理、容量管理以及团队管理等都是运维体系中的重要组成部分,除此之外,应急风险管理和风险管理对于运维体系而言,是极其重要的,本研究将这两部分内容抽离出来,突出重点,在以下章节中加以论述。

第5章

大型商业银行开放平台应急风险管理体系构建

大型商业银行在开放平台系统管理工作中不可避免地会出现各类应急突发事件,突发事件往往具有高度的不确定性和复杂性,同时,随着客户需求的不断深化,内、外部风险因素和监管要求不断增强,再加上大型商业银行科技系统本身的高复杂性和耦合性,应急突发事件的客观存在对银行的业务连续性提出了严峻的挑战。目前,国内大型商业银行现有的开放平台系统无法满足低成本、高效益约束下实时恢复服务的要求,从而影响体系的整体性能。因此,传统的应急预案已不能适应客户恢复服务的实时性和有效性要求。此外,应急突发事件通常具有连锁反应强的特点,易形成多米诺效应和涟漪效应,也会导致银行系统服务性能的不可控,甚至灾难性的服务中断,造成极端损失和声誉的巨大影响。

银行快速恢复服务不仅依赖于技术支持,很大程度上还取决于应急管理体系的合理构建与完善。本章针对银行业务连续性和高效性的基础目标,创新性地设计了以"快速响应、快速定位和快速处置"为核心指导思想,基于非合作博弈量子演化智能算法的大型商业银行科技系统智能应急管理体系,具有多主体、多因素、多尺度的特征,可有效应对大型商业银行系统突发事件,提升突发事件应急处置效率,从而全面提升银行安全管理和业务运行水平。

5.1　应急风险管理体系构建的总体原则

银行开放平台系统应急风险管理体系建设,始终把安全生产作为一切工作的出发点和落脚点,坚持以快速恢复服务为中心,着力把握技术发展规律,综合协调人员资源,高效解决应急难题,总结事件处置经验,不断提高应急事件的响应、定位和处置能力。同时,按照银行业发展规划的总体布局,全面推进应急风险管理组织架构、制度标准、知识管理、保障体系和技术平台建设,促进应急风险管理各个环节、各个方面的协调发展;正确认识和妥善处理生产运维实际,既要总揽全局,统筹规划,又要抓住牵动全局的主要工作和突出问题,着力推进,重点突破。由此,提出银行开放平台系统应急风险管理体系建设总体原则如下。

(1) 预防为主的原则。坚持安全第一、预防为主、综合治理的方针,落实应对事故的各项措施,有效防止银行特大生产事故的发生。切实加强银行资源设施保护宣传和行政执法力度,提高员工和公众的安全风险意识,维护银行的生产运维安全,开展有针对性的突发事件应急演练,提高大面积生产事件处理和应急处理的能力,提升银行安全生产的稳定性。

(2) 统一指挥的原则。在银行应急风险管理领导机构的统一指挥和协调下,通过各级应急小组和资源调度机构支持和配合,组织开展应急响应、应急定位、应急处置等各项应急恢复工作。银行应急领导机构指挥整个银行系统的应急风险管理,各级应急风险管理领导小组统一领导管辖范围内的应急事故和事件处理工作。

(3) 分级协作的原则。按照分层分区、统一协调、各负其责的原则建立应急风险管理体系。按照银行业务体系架构和调度管辖范围,制订科学有效的银行安全运维分级协作方案。强调职能化分工的管理模式,充分发挥职能部门的专业优势,同时加强应急能力管理的中心环节,通过组织整合、资源整合和行动整合,建立统一指挥、统一行动、分工合作的综合应急风险管理体制。

(4) 重点保证的原则。在银行应急控制和处置中,必须将保证整个银行生产体系安全放在第一位,及时采取有效措施,防止事故扩大,甚至系统性崩溃。在银行生产服务处置恢复中,优先保证核心业务、重点地区和重点城市的服务恢复,提高整个系统恢复的经济效率。

(5) 依靠科技的原则。深化应急风险管理的科技含量,广泛开展银行体系理论和相关技术研究,采用高可靠的新技术、新设备提升银行的安全应急控制水平。加强信息科技系统的建设和改造,强化系统结构,提高系统安全稳定运行水平,开展大面积应急风险管理控制研究,统筹设计依托科技的生产服务恢复策略和方案,建立安全生产应急平台体系,提高应急风险管理工作的成效。

从应急工作的管理体系、技术支持和综合保障三方面着手,完善应急风险管理相关制度、流程、标准、规范,加强应急事件过程管理,提升银行信息系统突发事件响应和处置能力,提前发现隐患,及时解决问题,降低应急事件或有的不良影响,最终建立起管理精细、技术全面、保障有力的银行系统应急风险管理体系。

5.2　应急风险管理体系目标内容和运行机制

5.2.1　应急风险管理体系目标内容

由于我国银行业应急风险管理研究还处于初级阶段,现实的应急风险管理过程中存在的问题还十分复杂,因此应急风险管理领域需要研究的问题还很多。本章旨在解决商业银行开放平台系统应急风险管理中最基础、最核心的问题,包括组织体系建设、标准规范体系建设、知识管理体系建设、应急保障体系建设和技术平台体系建设。

(1) 强化组织体系建设,提升应急风险管理能力。通过建立合理有效、职责明确的应急风险管理组织架构,构建专业化的应急风险管理组织体系,优化应急人员结构配置,加强应急人员管理,明确银行开放平台系统应急风险管理体系各环节管理责任主体,有效落实工作职责,实现应急风险管理组织机构体系的统一领导、分工负责、协调联动和高效运转。

(2) 强化标准规范体系建设,提升应急执行能力。通过建立生产系统、运行事件、生产变更的分级分类标准,建设分层级的应急预警机制和运维保障机制。完善运行响应支持机制和运维信息共享机制,形成科学、严谨的应急标准规范管理体系,明确应急风险管理各主要环节以及各项任务,确保异常事件指挥顺畅、调度权限清晰、响应要求明确。建立任务、事件跟踪督办机制,保证各环节工作落实的质量和效力,全面提升应急风险管理工作的规范性和有效性。

(3)强化知识管理体系建设,提升应急处置能力。通过加大对现有应急风险管理经验的整合力度,建立并动态维护生产运行"知识库、案例库",进一步健全、完善应急场景、应急预案的覆盖面和实用性,有针对性地开展应急演练,实现生产运行技能的及时更新、快速转移和有效利用,实现应急演练从专项性向常态化转变,提高应急风险管理人员和应急处置人员的认知水平和专业技能,从而提高银行开放系统应急风险管理的全面可控能力。

(4)强化应急保障体系建设,提升应急保障能力。通过建立外协应急保障机制与设备备品备件动态管理机制,提高与业务协作、电力保障、消防安全等行内外机构的应急衔接和相互支持能力,形成备库的有效冗余管理,为银行开放平台应急风险管理提供综合化的应急资源保障。

(5)强化技术平台体系建设,提升应急支持能力。通过建设并整合生产运行监控与预警平台、生产运行调度指挥平台、数据采集与分析平台,形成系统化的应急风险管理技术支撑平台,优化监控与生产调度策略,实现对关键生产资源性能检测指标的实时监控与预警,实现生产调度自动化与智能化管理,通过生产运行质量评估和趋势分析,为应急风险管理体系提供有效的技术支撑。

总之,全面总结国内银行业开放平台系统应对突发事件的经验和不足,进一步建立覆盖整个银行的应急预案体系;健全分类管理、分级负责的应急风险管理体制,加强管理机构和应急队伍建设;构建统一指挥、反应灵敏、协调有序、运转高效的应急风险管理机制;建立健全应急风险管理法规制度体系,依法开展应急风险管理工作;建设突发事件预警、风险评估、应急评估等信息系统和专业化的应急风险管理保障体系,形成银行应急调度主导、部门协调、齐抓共管、共同参与的应急风险管理工作格局。

5.2.2　应急风险管理运行机制

管理运行机制是指管理系统的结构及其运行机理,本质上是管理系统的内在联系、功能及运行原理,其形成与作用是完全由自身决定的。管理运行机制一经形成,就会按一定的规律、秩序,自发地、能动地诱导和决定组织的行为。银行开放平台系统应急风险管理的运行机制包括双驱动机制、持续改进机制和综合协调机制。

(1) 双驱动机制。银行的应急风险管理行为受到银行内部驱动力量与外部驱动力量的双重影响,即应急风险管理是银行内部调整与外部推动共同作用的结果,双驱动机制包括来自银行内部的经济利益驱动和来自银行外部的政策制度驱动。银行内部调整主要通过经济利益驱动来实现,经济利益驱动是行为机制中最基本的力量,是由经济规律决定的,表现为应急成本与应急水平的相互作用关系;银行外部推动主要通过政策制度驱动来实现,政府、监管机构和第三方等外部力量通过政策制度的制定对应急风险管理的实现施加推动力,政策制度驱动是由社会规律决定的。

(2) 持续改进机制。银行开放平台应急风险管理是从起点模式到目标模式的管理目标持续改进和实现的过程。持续改进分为同一模式内部的小改进(横向改进)和不同模式之间的大改进(纵向改进)。同一应急风险管理模式内部,以现实需求为指引,通过关键要素管理和制度制约,实现持续改进逻辑;不同应急风险管理标准化模式间,以应急成本为指引,通过模式状态判定,实现持续改进逻辑。

针对银行应急风险管理的实际需求,编制开放平台系统应急风险管理行为规范。一方面,作为具有普适性指导作用的管理规范,在计划、组织、实施、检查和监控等活动过程中,具有规范银行相关管理行为的静态规制功能;另一方面,作为一个动态运行的系统,在指导系统内各要素相互作用的过程中,形成偏差的自我纠正功能。因此,应急风险管理模式的改进思想必须体现在由应急安排、应急实施、应急总结、应急结果反馈等环节构成的运行过程。

（3）综合协调机制。应急风险管理的实施效果既受到来自银行内部条件的影响，又受到银行外部环境的直接或间接影响，需要在利益与损失中权衡，实现协调运作。因此，应急风险管理预期目标的实现需要综合协调机制的保障。

首先，应急风险管理的实施效果与预期目标的协调状况可以通过应急成本与应急水平的关系来判断。合理的目标水平由经济标准化水平和规定标准化水平的关系决定。其次，基于现实需求的起点模式通过结构转换实现现实需求与管理要素之间的协调，通过全面与重点相结合的原则实现各管理要素间的相互协调。最后，基于目标定位的标准化目标模式的建立基准为理想内部条件与先进外部要求之间的协调，通过目标定位与国际比较来实现。

5.3　应急风险管理综合协调体系构建

应急风险管理的理论体系构建是应急风险管理研究的基础，用于解决应急风险管理过程中应急风险管理目标内容的系统化实现、应急风险管理机制的具体建立、应急风险管理体系结构界定等问题。银行开放平台系统应急风险管理体系的核心在于快速响应、定位并处置，具体含义如下。

（1）快速响应。当应急事件发生后，所有应急风险管理相关人员在第一时间做出快速响应，指挥协调人员综合协调指挥调度，技术支持人员、第三方支持人员在综合协调下，在最短的时间内，以最快的速度到达规定岗位，不得延误。

（2）快速定位。对发生的应急事件问题应在最短时间内分析判断出问题的具体位置、引发原因、影响范围、危害程度等。通过辅助决策支持减少误判，避免在情况不明和原因分析不透彻的情况下草率定位，引发更为严重的人为失误。

（3）快速处置。运维人员在最短时间内协同各方、综合方案、调度资源、果断处置，快速恢复生产服务，将风险损失和影响降至最低程度。

快速响应是快速定位和快速处置的前提，快速定位是快速处置的基础，快速处置是快速响应和快速定位的效果体现，三者相互依存，不可分割。

针对银行开放平台系统应急风险管理的核心要求，依据管理学理论和系统工程理论,同时基于应急风险管理的多主体理论以及信息多向交叉沟通机制和信息资源管理理论,统筹规划、综合协调多部门配合与冲突解决机制,设计银行开放平台系统应急风险管理体系,如图 5.1 所示。以双驱动、持续改进、综合协调的管理机制为指导思想,以目标指引、基于现实、内部调整与外部推动相结合、协作统一为原则,构建应急风险管理标准化体系。银行开放平台系统应急风险管理体系结构包含指挥协调系统、决策支持系统、资源保障系统、处理实施系统和信息管理系统五大子系统,以经济方法做内部驱动,政策方法做外部驱动,实现由起点模式到目标模式,再到理想模式的不断跃迁,从而满足各方应急需求。

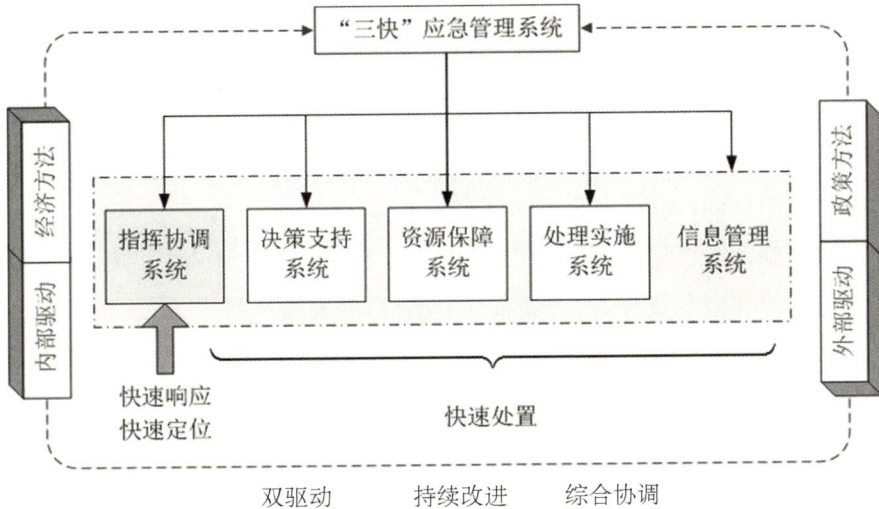

图 5.1　银行开放平台系统应急风险管理体系架构

指挥协调系统是银行开放平台系统应急风险管理系统的核心。指挥协调中心依托信息技术管理系统,在突发事件的事前预防、事发应对、事中处置和善后管理过程中,通过建立应对机制,快速响应和定位,第一时间启动和采取一系列必要措施,恢复和保障银行安全生产。随着信息技术的迅猛发展,应急指挥协调系统可以全面地提供现场图像、声音、位置等具体信息,快速协调有关部门和人员利用资源和技术进行应急快速处置。

决策支持系统以管理科学、运筹学、控制论和行为科学为基础,以计算机技术、仿真技术和信息技术为手段,针对半结构化的应急风险管理决策问题,最终形成一个具有智能作用的人机系统。该系统集数据的存储、管理、应用和分析于一体,能够为决策者提供应急所需的数据、信息和背景资料,是处理应急数据的有效工具,帮助明确决策目标和进行问题的识别,建立或修改决策模型,提供各种备选方案,并且对各种方案进行评价和优选,通过人机交互功能进行分析、比较和判断,为正确的决策提供必要的支持。

资源保障系统通过统筹规划、优化调度,对各种资源进行合理有效的调节和测量以及分析和使用。银行突发事件发生后,根据指挥协调系统的指令,立即做出应急资源调度决策。应急资源的调度是一个动态的过程,决策者根据现阶段应急资源的需求情况,确定其后资源的调度,以及随着事件的发展变化,根据上一阶段应急的效果和目前的状况,多阶段地调度应急资源。资源保障系统在已知应急资源布局和配置的情况下,制订优化的调度方案,保证应急资源调度的时效性,使资源到达时间最短,并充分利用。

处理实施系统由应急风险管理指挥小组、应急处置专业人员指挥协调,利用专业化的知识和应急资源,快速处置应急事件,恢复安全生产。

信息管理系统是银行开放平台系统应急风险管理系统的信息处理载体,除了具备一般信息系统的基本功能外,还具备预测、计划、控制、辅助决策和反馈总结等集成化的特有功能。

银行开放平台系统应急风险管理体系以提高应急风险管理综合能力为主线,以强化快速响应、定位和处置能力为重点,以健全完善突发事件预警预防体系和综合协调机制为主要内容,形成统一指挥、结构合理、反应灵敏、运转高效的应急风险管理体系。

5.4 应急风险管理模型设计与实践

5.4.1 应急风险管理模型设计

针对银行开放平台系统应急风险管理核心要求,建立银行开放平台系统应急风险管理的关键要素分析模型,实现应急风险管理水平的快速提高。应急风险管理事故一般可分为潜伏期和发生期两个时期,相应的,将应急风险管理划分为应急潜态和应急显态两个过程。应急风险管理模型有应急准备、监测预警、应急响应和善后处置四大基本功能,分别体现在各个管理过程中。

银行开放平台系统应急风险管理模型设计如图 5.2 所示。以事前应急事件风险评估为基础,建立完善的综合应急预案,通过应急事件的预测预警模型实现应急风险管理快速响应;通过安全生产运维视图的建立实现应急事件快速精确定位;进一步地利用辅助决策和全局资源调度,实现应急恢复等快速处置;引入应急评估方法全面评价应急风险管理绩效,明确奖惩措施,同时进行总结回顾和提升。

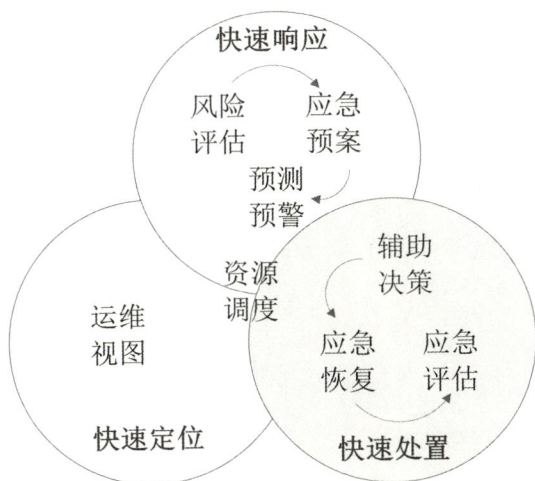

图 5.2　银行开放平台系统应急风险管理模型

1) 突发事件风险评估模型研究

突发事件风险评估模型主要是由风险识别、风险建模及其风险评估三个阶段组成,如图 5.3 所示。

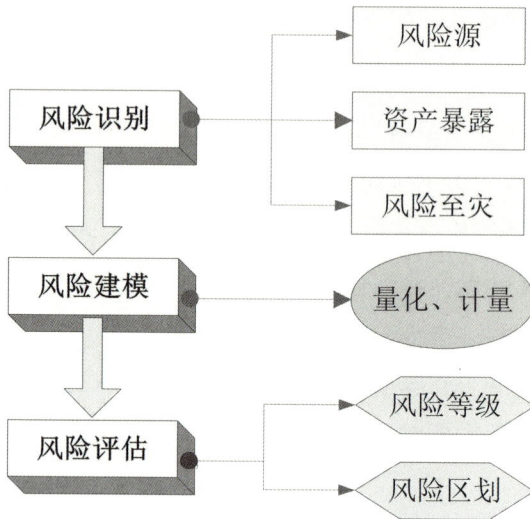

图 5.3 突发事件风险评估过程

　　突发事件的风险评估是一个复杂的过程，整个评估过程需要综合不同学科的理论知识和方法。在充分考虑已有资料和专家智慧的基础上，从概率统计学角度，从主观和客观两个方面对突发事件风险源致灾剖析、风险量化建模、模型评估进行研究。对于风险评估模型，具体突发事件分类、评级评估模型分析过程如图 5.4 所示。

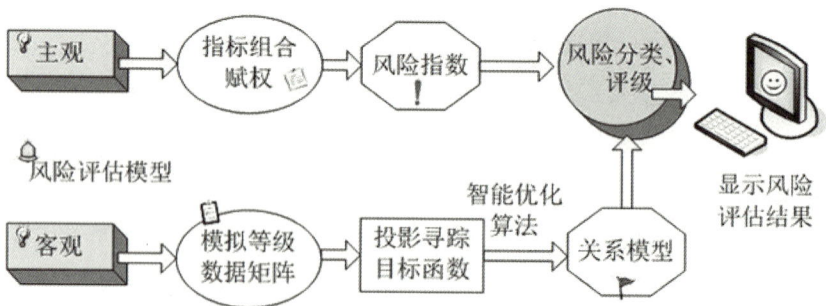

图 5.4 突发事件风险分类、评级模型分析过程

风险评估指标权重的确定是风险评估最基本、最重要的工作。本研究采用客观和主观结合的组合赋权法,从主观与客观的角度出发,选择 G1 法(主观)与坎蒂雷(Aural KaniRary)赋权法(客观)结合的组合赋权方法对突发事件风险评估指标进行赋权。

坎蒂雷赋权法是充分根据原始数据所提供的信息来确定各指标权重的方法,令 A 为 n 个评估指标的相关系数矩阵,S 是由指标标准差所组成的对角矩阵,坎蒂雷证明出,指标 A 的权值 W 为矩阵 AS 的最大特征根所对应的特征向量,而且由这些权值所构成的综合指标能够最大限度地反映原始信息。即

$$W = \overline{\max \lambda_i (AS)} \tag{5-1}$$

坎蒂雷赋权法在原始数据中包含两种信息:一是各指标变异程度上的差异信息,这种信息通过各指标的标准差大小反映出来;另一种是各指标间的相互影响程度上的差异,这部分信息包含在各指标所构成的相关系数矩阵中。矩阵 A 包含了各指标间的相互影响,矩阵 S 反映的是各指标的变异程度,故 AS 包含了原始数据提供的两种信息。所以,坎蒂雷赋权法是一种客观的、适用范围广泛的赋权方法。

突发事件的风险评估也是一个多层次的系统分析结构模型,因此,可以运用层次分析法来处理和分析风险评估中的权重问题。本研究采用 G1 法对指标权值进行主观赋权,其原理与计算步骤如下。

(1)确定序关系。在指标集 $(a_1, a_2, \cdots, a_n)$ 中,针对某评估标准或目标,决策者选出不劣于所有其他指标的一个指标,记为 $\hat{a}_1$;接着,从剩下的 n 个指标中,选出认为不劣于 $n-2$ 个指标的一个指标,以此类推唯一确定一个序关系,即 $\hat{a}_1 \geqslant \hat{a}_2 \geqslant \cdots \geqslant \hat{a}_n$。

(2)利用专家的理性判断构造唯一序关系的比较判断序列:

$$I_i = \frac{w_{i-1}}{w_i} \tag{5-2}$$

I_i 给出 $\hat{a}_{i-1}$ 与 $\hat{a}_i$ 之间的相对重要程度,即权重的比较判断评估指标。

(3)计算权重系数 w_i。

$$1 + \sum_{i=2}^{n} \prod_{j=i}^{n} I_i \tag{5-3}$$

式中 $I_i \in [1, 2]$，根据(2)重要程度比较结果取合适值。

最后，根据 G1 法和坎蒂雷赋权法所占的比重，利用线性加权求取组合权值，得到最终的指标权值。

$$W_i = \sum_{i=1}^{n} (\delta_1 w_K + \delta_2 w_G), \ i = 1, 2, \cdots, n \tag{5-4}$$

2）应急预案生成及实施模型研究

应急预案是针对具体设备、设施、场所和环境，在对危险源进行安全评估的基础上，为降低突发事件造成的银行财产、人身与环境损失，对事故发生后的银行应急救援机构和人员，应急救援的设备、设施、条件、资源和环境，行动的步骤和遵循的制度，控制事故发展的方法和程序等，预先做出的科学而有效的行动计划和具体安排。概括地说应急预案就是银行应对突发事件所提出的预施性规划方案。

应急预案是银行开放平台系统应急风险管理工作特别是快速响应的具体反映，不仅包含事故发生过程中的应急响应和救援措施，还应包括事故发生前的各种应急预防、应急准备、事故发生后的紧急恢复，以及预案的管理与动态更新等。因此，完整的应急预案编制包括以下六个基本要素：方针与原则、应急策划、应急准备、应急响应、现场恢复、预案管理与评审改进。六要素是一个整体，不可分割，要素之间有一定的独立性，又紧密联系，从应急的方针、策划、准备、响应、恢复到预案的管理、更新与评审改进，形成了一个有机联系并能够持续改进的应急风险管理体系。这些要素构成了突发事件应急预案的核心要素，也是应急预案编制应当涉及的基本方面。

预案生成及实施模型如图 5.5 所示，具体生成过程需完成如下部分评价。

（1）对客体（突发事件）的评价，即研究突发事件发生发展态势，识别和判断突发事件的类别和事件危害程度的级别。

（2）对资源的评价，包括评价资源的介入范围、类型、强度、分布以及资源的保障度。事实上资源的体现形式往往落实在机构上，所以资源评价与机构评价是紧密相连的。

（3）实施的过程，即编制具体的行动方案——应急响应预案，包括设计应急行动战术，制订具体采取的救援程序和救援措施。

（4）监控和信息反馈，是监测、控制整个应急处置过程，包括对事故、资源以及实施效果进行监控，并及时反馈获取的信息，从而为下一步决策提供依据。

（5）动态调整预案，突发事件的态势会随着时间不断发展和变化，另外在开始阶段应急响应预案的作用下，突发事件的态势也会发生改变，所以决策者要根据这些变化及时动态地调整救援行动方案，以达到投入最少的资源，将损失降至最低的目标。

以上五大环节不仅是预案生成的流程模型，而且也是预案实施过程的具体反映，从预防预案，到应急响应预案，再到动态调整预案，体现出了应对突发事件的整个过程。

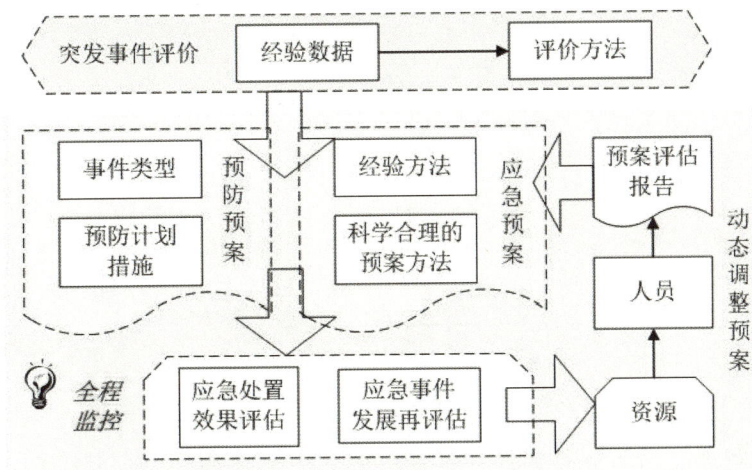

图 5.5　应急预案生成及实施模型

3）预测预警流程模型研究

预测预警是突发事件预防的两大关键性环节。预测是指对突发事件的某些特征（风险指数、灾害指数等）的未来状况进行估计和推测，即由已知推知未来。

这包含了两个方面的含义：①根据过去已有的历史资料和当前的实际情况，使用科学的理论和方法分析和推测未来可能出现的情况；②估计和推测已知事件的未来状况。预测不是只做预计推测那一瞬间的行动，而是一个过程，预测过程如图 5.6 所示。预警是指根据预测估计和推测的结果，确定应急事件的大小，判断是否发出警告，促使应急风险管理人员采取响应行动，减少突发事件的不利影响。

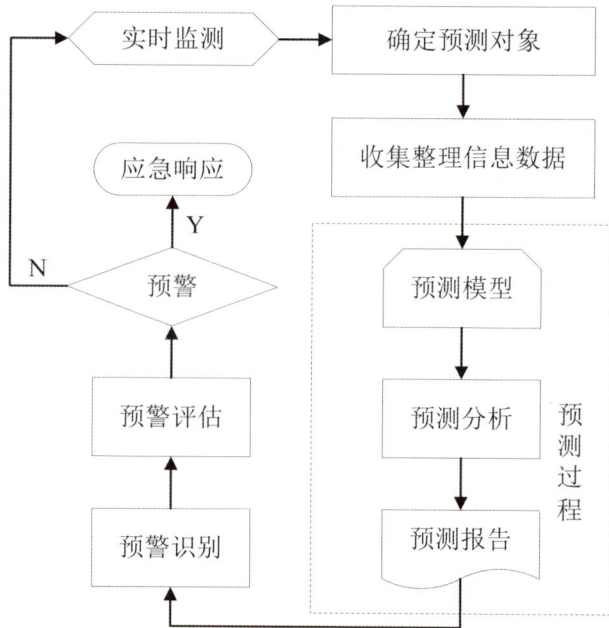

图 5.6　突发事件预测预警流程模型

突发事件的预测过程实质上是突发事件的事前风险评估过程，突发事件往往具有随机性特点，引起突发事件的原因往往也很复杂，这些都给突发事件的预测带来了很大的难度，一般来说，突发事件预测需要遵循可知性、连续性和可类推性原理。

由于影响预警监测系统的因素多且复杂，加上人在认知上的局限性，常规数学方法很难结合或利用专家和决策者在预测与评价的选择和判断过程中所蕴含的经验知识和智慧、思维规律和人脑的智能特征,而且很难进行定性与定量计算的综合集成。因此,本研究提出了利用人的知识经验和人工智能、模糊识别等方法建立知识模型,越过数学模型的障碍,直接由知识模型转化为计算机模型,采用知识模型与数学模型相结合,形成广义模型,以便处理复杂系统的模型化问题。利用投影寻踪、粒子群算法、人工神经网络、灰色理论和模糊集值理论等有效方法,根据突发事件时间序列数据的特点,结合人工智能和工程技术方法,在前人研究的基础上,建立突发事件长期随机时间序列与短期随机时间序列模型,为决策者提供可信的决策依据。

4) 运维视图协助定位研究

为了全面了解应用系统运行环境,切实有效地保障银行系统安全稳定运行,以系统服务引导系统管理,开展生产系统的系统服务特性及运维关联性梳理,逐步建立系统服务统一视图,结合系统服务特性逐步完善生产系统运维方案,以不断提高开放平台生产系统应急处置能力。实现差别化运维管理模式,提升重要系统应急响应级别,以确保系统持续服务的能力,建立开放系统服务运维视图。运维视图总体包括:系统基础运行环境系统、物理或逻辑部署架构、应用运行特性、应用和系统关联视图、系统重要配置、应急处置预案和系统容量趋势。

系统运维视图将系统运行与应用特性关联起来,对快速定位问题非常重要,通过对应用关联关系的了解,快速定位关联系统引起的生产事件,从而采取相应的处置手段。

5) 资源调度模型研究

资源调配问题是应急风险管理中关键的一环,关系到整个突发事件处置的成败。以资源调度模型为基础,把多个影响因素充分地考虑进去,以单个指挥中心、软时间窗应急资源的调度问题为对象展开研究。根据所提供的外部相关信息,在受到约束的前提下,针对一定的目标对系统进行优化,并通过合理的方式表达优化结果,即使用系统语言描述"资源调配",确定相关信息、约束条件、优化目标和结果表达形式等。

在发生突发事件需要应对时,应急系统所需资源将随着事件的进展和时间

的推移而发生变化,因而需要对应急服务资源在静态配置的基础上再进行动态配置。当应急事件发生时,根据事件的进展情况配置应急资源供给子系统的资源,将应急资源在应急资源供给子系统的分配视为非合作静态博弈过程,设应急资源供给系统有 n 个子系统,定义子系统目标集为 $L=\{l_i|1\leqslant i\leqslant n\}$。子系统通过减少应急供给来提升自身应急能力。但应急资源供给子系统的总供应能力有限,当一个子系统减少应急供给时,对其他子系统将有负面的影响。由此,应急资源供给系统中的所有子系统形成了相互间的非合作博弈过程。该非合作博弈模型是一个三元集合组 $G(L,S,u_i)$,其中 S 为策略集合,u_i 为子系统 l_i 的效用函数,它是一个从策略集合到实数集的映射,即 $u:S\rightarrow R$。当且仅当 $u_i(s_i^*)>u_i(s_i)$ 时,子系统 l_i 在 s_i^* 的工作质量优于 s_i。

利用求取 Nash 均衡解的方法对应急资源进行动态配置,以达到应急资源公平高效分配的目的。纳什均衡(Nash Equilibrium,NE)是一个重要的非合作博弈论的分析手段。纳什均衡描述当其他非合作博弈者不改变策略的情况下,所有非合作博弈参与人也不改变自身的策略,此时即为最优策略。如果某一非合作博弈者没有坚守自身最优策略,它的效用就会降低,成本就会上升。当达到纳什均衡点时,每个理性非合作博弈者都不会有单独改变策略的意愿。

根据先前的描述,将应急资源供给系统资源调度策略非合作博弈的纳什均衡定义为:

在 n 个应急资源供给子系统参与非合作博弈调度策略的过程中,策略集合 $\{s_1^*,s_2^*,\cdots,s_n^*\}$ 满足对任一子系统 l_i,s_i^* 是相比于其他 $n-1$ 子系统策略 $\{s_1^*,\cdots,s_{i-1}^*,s_{i+1}^*,\cdots,s_n^*\}$ 的最优资源配置策略,则资源调度配置策略组合为该系统非合作博弈的纳什均衡。用上述效用函数 u_i 来描述纳什均衡:

$$\forall s_i\in S \quad u_i(s_1^*,\cdots,s_{i-1}^*,s_i^*,s_{i+1}^*,\cdots,s_n^*)\geqslant u_i(s_1^*,\cdots,s_{i-1}^*,s_i,s_{i+1}^*,\cdots,s_n^*)$$

$$u_i(s_i^*,s_{-i})\geqslant u_i(s_1,s_{-i})$$

$$(5-5)$$

对于所有子系统 $L=\{l_i|1\leqslant i\leqslant n\}$ 均成立。

应急资源供给系统中,对于所有子系统 $L=\{l_i|1\leqslant i\leqslant n\}$,由式 5-5 纳什

均衡存在且唯一的条件下,转化为如下的优化问题:

$$\max_{l_1,l_2,\cdots,l_n} \quad u_i(x_i) \tag{5-6}$$

$$subject\ to \quad x_i \in [x_i^{\min}, x_i^{\max}]$$

也就是说,对于所有子系统资源调度最优策略等价于寻求非合作博弈的纳什均衡,亦等价于求解上述式 5 - 6 的多目标优化问题。这类资源调度优化是非线性非凸多变量的复杂优化问题,常规的数学规划方法很难进行求解,运用智能优化算法能克服传统优化理论的数学局限性,通过模仿自然生物的行为和现象,将优化机理运用到优化计算中,能快速地求得全局最优解。

6) 辅助决策系统研究

突发事件的发生、演变以及造成危害引发的各种各样的问题有其内在的原因和自身的规律,它们之间存在着错综复杂的逻辑关系。在有限时间内做到有效的应对,将损失降到最低,就必须在信息系统的基础上建立相应的应急风险管理辅助决策系统。该系统是以各种信息为基础,以风险分析、资源优化配置和布局、人员优化调度的设计等问题为对象,提供相应的分析功能,为决策提供依据。否则,决策者只能根据自身的经验和判断进行决策,难以保证应对方案的科学性,以及方案实施的有效性。

7) 应急恢复模式设计

应急期间,银行不得不面对运维系统内外两个环境的因素。从内部环境来看,对于银行这类大型运维系统而言,一方面这些系统的服务能力恢复代价高昂,如购置新的生产设备或服务部件;另一方面受损能力的恢复受到处置部门人员技术水平、恢复部件可得性等影响,使某一时期内的能力恢复数量受限,使得应急处置恢复服务的能力呈现多阶段特点。从外部环境看,能够供给和支持的能力数量并不是无限的,而是存在一个最大的能力供给上限,同时供给数量存在不确定性,直接会影响内部能力恢复数量的决策。因此,基于外部能力供给的不确定性以及内部能力恢复的不经济性和多阶段性等特点,如何进行有效的能力管理从而降低应急期间的成本是管理者者需要权衡的。

本研究提出的具体方法如下:从能力受损的运维系统出发,综合考虑应急期间银行的内部运维成本和能力缺损可能引致的社会成本,分别针对服务和生产型运维系统能力不同的表现形式,以应急成本最小为目标,构建单阶段运作系统的能力采购和能力恢复模型,然后进一步将模型扩展至多阶段的情况使模型更贴近应急的现实情况,最后采用量子演化权重自适应混合 PSO 算法对模型进行求解。具体应急恢复模式如图 5.7 所示。

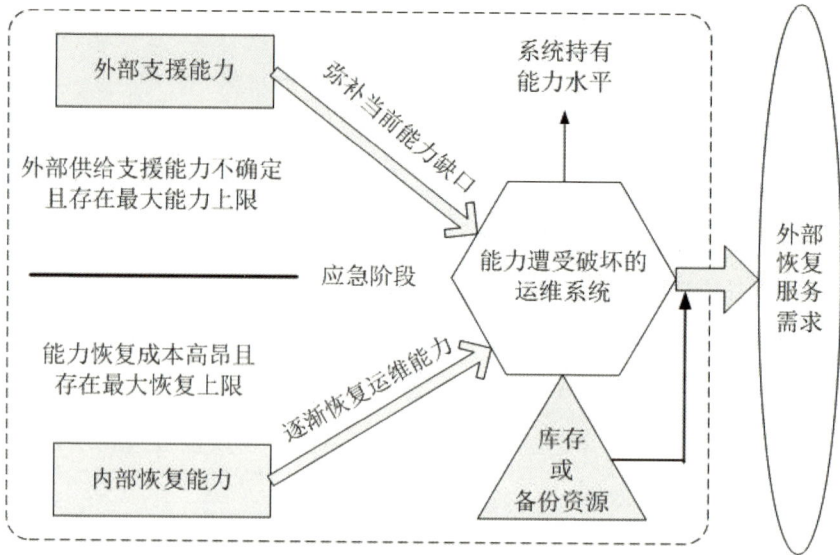

图 5.7　应急恢复模式

量子演化权重自适应混合 PSO 算法的核心思想如下:定义初始种群,包含外部支援能力指标和内部恢复能力指标参数,以应急处置总成本作为总体目标函数,初始种群采用量子态概率幅对粒子的当前位置进行编码,粒子种群中的每个粒子在遍历空间中的位置对应 $|0\rangle$ 和 $|1\rangle$ 的概率幅:

$$q_i = \begin{bmatrix} \alpha_{i1} & \alpha_{i2} & \cdots & \alpha_{iN} \\ \beta_{i1} & \beta_{i2} & & \beta_{iN} \end{bmatrix} \tag{5-7}$$

式中,$i = 1, 2, \cdots, n$,n 为种群规模,N 为问题维数。

对于 N 维空间,无质量无大小的粒子 i 的位置和速度分别为

$$X^i = (x_{i,1}, x_{i,2}, \cdots, x_{i,N}) = (\alpha_{i,1}, \alpha_{i,2}, \cdots, \alpha_{i,N}) \tag{5-8}$$

$$V^t = (v_{i,1}, v_{i,2}, \cdots, v_{i,N}) = (\beta_{i,1}, \beta_{i,2}, \cdots, \beta_{i,N}) \tag{5-9}$$

速度和位置代表外部支援能力指标和内部恢复能力指标参数。每次迭代，粒子根据两个最优值更新自身的位置和速度，分别为 $P^t = (p_{i,1}, p_{i,2}, \cdots, p_{i,N})$ 个体最优值 pbest 和全局最优值 gbest P_g。通过量子旋转门调节粒子和全局最优量子旋转角度。粒子个体速度为 $v_{i,j}$，位置为 $x_{i,j}$，个体最优位置为 $x_{i,j}^{\text{pbest}}$，全局最优位置为 $x_{i,j}^{\text{gbest}}$。对于每次迭代，种群中的所有粒子的速度和位置通过下式更新：

$$v_{i,j}(t+1) = w v_{i,j}(t) + c_1 r_1 (x_{i,j}^{\text{pbest}} - x_{i,j}(t)) + c_2 r_2 (x_{i,j}^{\text{gbest}} - x_{i,j}(t))$$

$$\tag{5-10}$$

$$x_{i,j}(t+1) = x_{i,j}(t) + v_{i,j}(t+1) \tag{5-11}$$

式中，$c_1, c_2 > 0$ 为学习因子，r_1, r_2 为 $[0,1]$ 之间的随机数。同时，为了平衡全局搜索能力和局部搜索能力，引入非线性动态惯性权重 w：

$$w = \begin{cases} w_{\max} & , f > f^{\text{avg}} \\ w_{\min} - (w_{\max} - w_{\min})(f - f^{\min})/(f^{\text{avg}} - f^{\min}) & , f \leqslant f^{\text{avg}} \end{cases} \tag{5-12}$$

式中，$w_{\max}$ 和 $w_{\min}$ 为 w 的最大值和最小值。设 $f = \sum u_i$ 为粒子适应度函数当前值，f^{avg} 和 $f^{\min}$ 分别为适应度函数的均值和最小值。

具体量子演化权重自适应混合粒子群算法步骤如图 5.8 所示。

8）应急评估模型研究

突发事件应急能力评价是一个多参数、多系统的评价过程。应急能力各因素之间关系复杂，各因素一般不是单独起作用，往往是各种因素交织在一起，换言之，一种机能制约着相关的机能，形成连锁关系。应急评估模型的基本评价过程如图 5.9 所示，从突发事件应急能力管理部门功能和统计学角度，在对当前已有的指标体系进行提炼和综合的基础上建立应急评估体系。

5.4.2　应急风险管理实践

大型商业银行开放平台系统建设和运维的指导思想依托银行开放平台系统

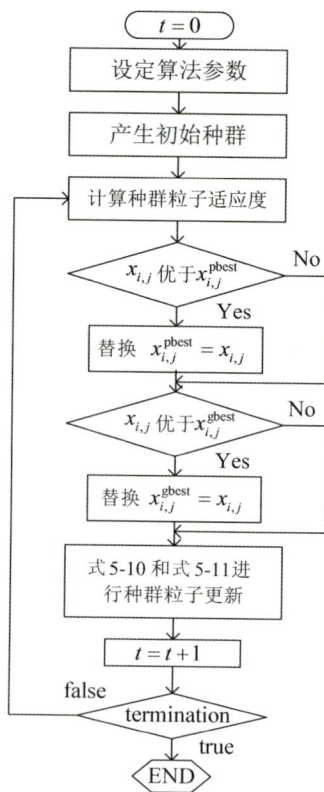

图5.8 量子演化权重自适应混合粒子群算法流程

原则展开,实现指导思想在日常生产运维中落地实施。银行开放平台系统的落地与高效的管理体系及技术力量的储备有着必然的联系。"快速响应、快速定位、快速处置"极大依赖于技术团队的专业技术水准,开放平台通过强化技术条线建设,培养一批具有高度责任心及规范意识,专业技能上"一专多能"甚至"多专多能"的系统工程师,并通过制订相应的制度规范来确保银行开放平台系统在开放系统运维中得到有效落实。

应急风险管理过程可划分为应急潜态和应急显态。其中,应急潜态是指事故发生前的应急准备阶段,应急显态是指事故发生后的应急实战阶段。平时处于潜态,安全生产事故发生后,迅速转变为显态;安全生产事故平息之后,又回到

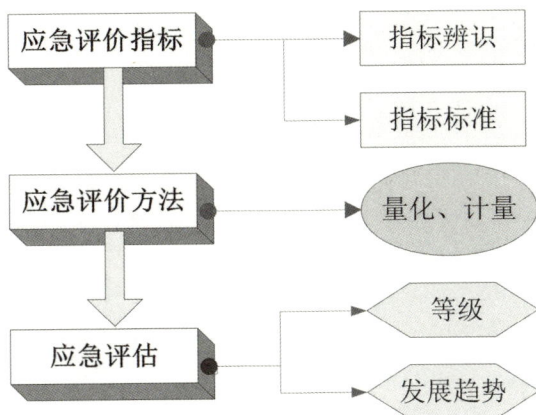

图 5.9　应急评估模型的基本评价过程

潜态,如图 5.10 所示。以下将从银行开放平台系统的各个环节来具体阐述数据中心开放平台系统运维是如何保障落实的。

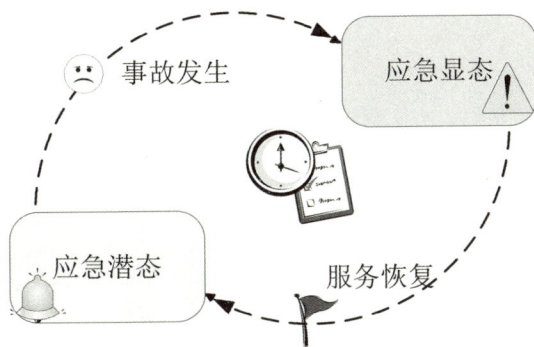

图 5.10　应急风险管理过程划分

1) 应急潜态管理

应急潜态情况下,银行开放平台系统应急风险管理体系处于"训练与维护"状态,应做好事故防范与应急准备工作。监控整个生产过程,一旦发现偏差或异常立即做出初步处理,尽可能地将事故消灭在萌芽阶段;提供一系列事前准备,如建立应急预案库、组织培训演练、储备必要应急物资等,协调各种资源进行日常的应急准备工作。工作内容主要包括补充优化应急风险管理组织,制定完善应急风险管理制度和标准,修订应急预案并组织演练。

(1)运转高效的应急风险管理组织体系。建立生产运维相关的银行内外业务部门、技术部门和供应商共同参与、分工明确、运转高效的应急风险管理组织体系,并为关键角色提供备份人员。

(2)完善的预警体系。根据国家、地区、行业重要活动与安排、内外部监管机构的特殊要求、产品投产和变更等重点时段以及生产系统应急处置需要,分层级提供运行服务支持。

(3)实用的应急预案与应急演练。根据生产运行应急需要和风险排查结果制订应急预案,形成指导应急风险管理工作组织流程的总体预案,以及针对各专业条线和各应急场景的专项预案。为使应急指挥、调度、处置人员能够参考应急预案快速恢复业务,应急预案应实现对生产运行中可能产生异常的部件的全覆盖,预案的内容和格式应以为各项操作提供明确指导为标准,指令准确、用词简洁。同时,应为应急预案建立检索列表,易于在紧急情况下使用。当应急组织、工作流程、服务范围和操作指令等发生变化时,相应处室应尽快组织对应急预案进行修订。应急预案应进行有效的版本控制,必须通过各专业处室和 IT 专家技术评审,由高层领导授权发布。

(4)持续改进的应急风险管理体系。为保证应急风险管理体系的有效性和时效性,应组织对应急体系进行审核,确保及时发现应急风险管理方面所存在的不足,明确改进的方向,以保持足够的应急响应、定位和处置能力。对应急风险管理体系进行审核时,应综合考虑业务连续性需求、用于应急处置的资源、应急预案的执行效果、近期在处置突发事件过程中总结的经验和教训等因素,识别影响应急风险管理的重大变动,并据此对应急风险管理体系做出相应的调整,如内部科技发展战略、部门职能、用户需求等发生重大变动时,都应对现有应急风险管理体系进行调整。应急风险管理体系的审核内容包含应急风险管理体系改进的目标,提升体系运转效率的方法和体系调整所涉及的各种人、财、物资源的调整,并成为应急风险管理各项工作的改进要素。

2）应急显态管理

在应急显态情况下,银行开放平台系统应急风险管理体系处于"运转与改进"状态,做到有效应急。事故发生后,以最快的速度应对,迅速判断事故的发展态势,选择并启动相应的应急预案,调集各种所需的应急资源供应事故发生地,控制事故的态势发展,减少事故所造成的直接和间接损失。应急评估与经验总结能够为下一次的事故应急提供参考,同时有助于提高应急绩效。工作内容主要包括及时监控,预警异常事件,人员快速集结并向有关人员报告事件情况,快速定位处置,事后检讨应急风险管理体系运转过程中存在的不足并持续改进。

（1）监控与预警。对生产运行各关键环节进行监控与预警,跟踪和判断应用系统、操作系统、数据库、中间件、网络通信、网络设备、硬件设备、基础环境的容量和可用性,对信息系统所承载的业务数据进行监测,判别业务数据是否超出了预警阀值。监控信息要能真实、完整、准确地反映应用系统以及承载其运行的系统、网络、设备和基础环境等的运行状况。同时要对需要监控(巡检)的各部件均确定检测的阀值和检测时间间隔;要明确各部件的监控(巡检)人员、工作内容和方法,以及监控(巡检)人员发现异常情况的报告路径和方式。

（2）报告与响应。监控(巡检)人员发现异常事件后,第一时间向应急调度员报告有关情况,同时通知相关专业处室的值班人员协查处置。应急调度员接到业务部门、开发部门或分行的事件报告后,立即组织各专业处室值班人员核实生产运行情况,初步整理事件的影响时间、范围和程度,确定应急事件所对应的事件级别和预警级别,按照预警级别对应的报告路径和报告范围,向相应的应急指挥官、IT 专家和专业应急人员通报事件信息,启动应急处置。各级应急处置人员接到预警信息后,按照预警级别对应的应急响应时间要求到场处置。

（3）排查与诊断。专业应急人员借助排查诊断分析工具,进行故障排查和诊断,并根据故障部位检索配置库,结合已获知的业务影响,获取准确、全面的应用、系统、网络、环境设备的关联影响,判定应采取的措施及需处置的故障部件。如无法在预警级别对应的定位时间内定位故障点、获知异常产生的原因,专业应急人员应立即报告应急调度员,并与 IT 专家组联系,寻求技术支持。必要时,可以在获得应急指挥官的授权下,组织行内、外人员以现场或远程方式进行支持。

(4)处置与恢复。异常事件定位后,专业应急人员检索相应的应急预案、知识库、案例库等,获取适合本次事件的处置方法,根据应急预案、知识库的相关内容开展处置。如发生应急预案或知识库没有涉及或专业应急人员无法确认处置方法是否有效的特殊情况,专业应急人员须立即报告 IT 专家,寻求技术支持。

(5)总结与改进。异常事件处置完成后,应急调度员应组织各专业值班人员继续跟踪生产运行情况,并对运行结果进行评价。各专业处室安排技术骨干,做好异常事件处置后的特护工作。如异常事件处置过程中或之后已经产生了次生或衍生事件,应急调度员和专业应急人员不能放松警惕,按照次生或衍生事件对应的预警级别要求,做好事件的处置及后续工作。

3)具体措施

(1)快速响应。"快速响应"的落实主要体现在制度及管理上,开放平台通过制定符合实际运维需求的值班管理制度,明确各岗位职责,不断强化运维人员的运维意识,规范事件报告流程,监控策略的优化,同时通过引进先进的运维工具等措施,确保对应急或突发事件的快速响应。

(2)快速定位。对问题或生产事件的快速定位,专业运维团队的技术能力是关键,对于软件或硬件产品本身的问题引发的生产事件,厂商则是解决问题的关键,因此运维团队能力的培养和厂商服务资源的管理非常重要。

(3)快速处置。银行开放平台系统的核心思想是针对生产事件的应急处置,而快速响应和快速定位的目的是为了生产事件的快速处置。运维工作应以安全生产为第一要务,当生产事件出现并可能影响业务连续性时,应当以恢复生产为首要任务。恢复生产后应收集数据、深入分析,直至找出问题的真正原因。

应急处置的效果和效率依赖于管理、技术和资源三者的高效融合,缺一不可。管理方面要制定切实有效的应急风险管理制度和流程,明确生产系统、运行事件、生产变更的分级分类标准,提高应急响应效率。技术方面要完善应急监控、定位和处置手段,确保快速发现故障、定位故障,快速制订和实施合理的处置方案。资源方面要确保应急处置所必需的人、财、物配备到位,准备充分,制订应急资源的快速调度方案,为应急处置提供坚实的资源保障。管理、技术和资源三方应高效互动,协调配合,共同服务于应急风险管理体系的运转。

总之,应急风险管理体系针对可能造成严重后果的应急突发事件,全面考虑了各种可能情况,客观、科学地分析风险和业务影响,制订切实有效的应对方案。结合银行业的实际,脚踏实地地提升技能、完善流程、优化工具,实事求是地开展演练、总结经验、持续改进,最终建立起技术过硬、管理规范、训练有素的应急保障体系。但是由于风险的广泛存在性,特别是应急潜态的风险防控工作,还需功在平时。下一个章节将针对开放平台系统风险防控体系如何防控运维工作的安全隐患进行具体的建设阐述。

第6章

大型商业银行开放平台系统风险防控体系建设

在 2013 年 7 月召开的上半年银行业监管工作会议暨经济金融形势分析会议上,银监会提示了下半年银行业要严守六大风险底线,少有地将"IT 系统风险"纳入"六大风险"之内。这是因为银行业对信息技术高度依赖,开放平台系统的可靠性、安全性和有效性直接关系到整个银行系统的安全,影响着金融体系的稳定,甚至影响到社会的安定。随着业务快速发展与不断创新,为业务提供支撑的开放平台系统也呈现非线性增长趋势,开放平台系统的运行环境日益多元化、复杂化甚至异构化,业务持续服务的能力对开放平台系统安全稳定的依赖性与日俱增,系统安全稳定运行显得十分关键、重要。

根据中国银监会 2009 年颁布的《商业银行信息科技风险管理指引》,信息科技风险是指商业银行在运用信息科技的过程中,由于自然因素、人为因素、技术漏洞和管理缺陷产生的操作、法律和声誉等风险。在实际生产中,系统自身的不安全因素、人为的攻击破坏、安全控制技术手段匮乏以及安全管理规范及制度不健全或执行不到位等都可能潜伏着诸多的安全隐患。特别是数据大集中工程,实现了银行业务数据的集中处理,经营的集约化和数据的集中化趋势一方面顺应了业务发展的要求,减少甚至避免了业务分散导致的业务风险,另一方面不可避免地导致了信息系统安全风险的集中,业务连续性服务的风险也随之集中,这就对系统的持续服务能力提出更高要求。系统所面临的风险不断积聚,已不再是传统的"三大件",即防病毒、防火墙、入侵检测。生产运行的风险隐患大到自然灾害、设计规划欠妥,小到意外操作失误,都可能导致系统异常甚至影响业务连续性,需要冷静剖析、思考研究银行信息系统面临的安全性问题,特别是大量开放平台系统安全与风险管理。如何认识、识别系统面临的安全威胁以及如何采取有效的风险防范措施,是银行业亟须研究的课题。

6.1　系统安全管理概述

随着银行业的竞争加剧,金融创新不断推陈出新,金融自由化、全球化以及金融创新的快速发展,使得商业银行面临的风险呈现复杂化、多样化、全球化趋势,安全生产已经成为银行业开放平台系统运维的工作核心和主题。为提高开放平台系统的可用性和稳定性,保证银行业安全生产稳定运行,必须要构建运维安全管理流程,全面推进安全管理体系建设。

系统安全性是以防范和抵御对信息的非法使用和访问以及有意无意的泄露与破坏的能力来衡量的。随着网络技术的发展以及广泛应用,信息的公开和共享逐步扩展,使得信息安全管理成为系统安全管理中亟须研究的课题。

6.1.1　安全管理方针

信息安全,人人有责,安全管理不是少数人和安全机构的事,而是一切与生产有关的人共同的事,缺乏全员的参与,安全管理不会有生气,不会取得好的管理效果。信息安全包括信息的保密性、完整性、可用性和真实性。信息保密性是保障信息仅仅为那些被授权使用的人获取,因信息被允许访问对象的多少而不同;信息完整性是指保护信息及其处理方法的完整性,一是指信息在利用、传输、储存等过程中不被篡改、丢失、缺损等,二是指信息处理方法的正确性;信息可用性是指信息及相关信息资产在授权人需要时可立即获得系统硬件、软件安全、可读性保障等。而信息的真实性是指信息中所涉及到的事务是客观存在的,构成信息的各个要素都是真实的。"预防为主,分级保护,分层负责,持续改进"是信息安全管理的基本方针。

（1）预防为主。信息安全工作应贯彻预防为主的指导思想，采取各项主动预防措施，建立信息安全和操作风险防控体系，增强全员安全意识，完善应急机制，加强内部安全检查，做到防患于未然。

（2）分级保护。按照信息系统的重要程度划分相应等级，根据信息系统的等级采取相应的保护措施，保证数据中心各信息系统得到适当等级的保护。

（3）分层负责。建立层次化的信息安全组织，确保责任逐层分解并落实。

（4）持续改进。按照PDCA（plan、do、check、action，即计划、执行、检查、处理，是全面质量管理所应遵循的科学程序）模型进行信息安全管理的持续改进，保证数据中心的信息系统在动态变化的过程中始终得到全面的保护。

6.1.2　安全管理原则

系统安全管理一般需要遵循以下四个原则。

（1）责任制原则。信息安全管理工作实行五级风险防范责任体系，即操作落实到人，布置落实到组，检查落实到处，监督落实到专业部门，考评落实到行。

（2）规范化原则。遵循适用法律法规、监管部门及总行的要求，形成行业规范及国内外的信息安全标准。

（3）统筹性原则。信息安全管理工作贯穿于数据中心运行生产的全过程，实行技术和管理相结合，做到统筹兼顾。

（4）实用性原则。在确保信息安全的同时，各项控制措施须注重实效性和可操作性。

6.1.3　安全管理框架

安全管理框架应涵盖两大方面的内容，即安全管理内容和安全管理制度。安全管理内容分为四个部分：物理环境安全、链路和网络安全、计算机系统安全和应用安全。其中，物理环境安全包括机房环境安全和设备安全等内容；链路和网络安全包括安全区域设计、入侵防护设计、漏洞扫描设计、边界安全防护、内网安全审计设计、网络设备安全设计和桌面安全防护系统设计等内容;计算机系统安全包括操作系统安全、病毒防治系统和数据库安全等内容;应用安全包括数据传输安全、用户权限管理、业务日志、程序安全、用户签到、日志和审计、业务监控、密码管理、操作安全及身份认证和授权等内容。

参考信息安全管理体系的国际标准 ISO27001,安全管理制度主要分为六个方面:①组织及人员安全管理;②物理及设备资产安全;③操作安全管理;④应用系统建设安全管理;⑤运维安全管理;⑥业务连续性管理。

其中,人员安全管理及人员培训、应用系统建设安全管理和运维安全管理尤为重要。

开放平台的安全管理实施应由具体的管理员进行分层次的管理。

(1) 系统管理员。数据中心应设置系统管理员,负责操作系统、数据库系统等的安全运维和监管,主要职责如下:①对责任系统进行安全配置;②对责任系统进行日常安全运维管理及应急处置;③对责任系统进行安全运行监控,并定期提交安全运行报告。

(2) 网络管理员。数据中心应设置网络管理员,负责网络设备等的安全运维和监管,主要职责如下:①负责网络规划与调整,对网络设备进行安全配置;②负责网络设备的日常安全运维管理及应急处置;③负责网络设备的安全运行监控,并定期提交安全运行报告。

(3) 应用管理员。数据中心应设置应用管理员,负责应用系统的安全运维和监管,主要职责如下:①对应用系统进行日常维护和应急处理,并制定应用系统的安全管理制度;②对应用系统进行安全运行监控,并定期提交安全运行报告。

6.2　系统风险点识别

信息安全管理方面存在的问题一般表现为:①缺乏信息安全意识与明确的信息安全方针;②重视安全技术,轻视安全管理(大约 70% 以上的信息安全问题是由管理原因造成的);③安全管理缺乏系统管理的思想。对开放平台系统安全管理问题也毫不例外,开放平台安全不仅仅是技术层面的问题,还有更重要的是管理问题。系统的安全性是以防范和抵御对信息的非法使用和访问以及有意无意的泄露与破坏的能力来衡量的,在系统安全管理中,首先需要有效地识别系统风险点,才能有效地规避安全风险,保证开放平台安全生产。

在开放平台系统中,风险与不确定性事件发生的概率及其造成的可能损失有关。而不确定事件的发生主要与潜在的威胁和攻击以及信息系统自身的缺陷和脆弱性有关。因此,在对不确定事件的发生概率进行估算时,主要从威胁和脆弱性两个方面进行分析。系统风险点的识别如图 6.1 所示。

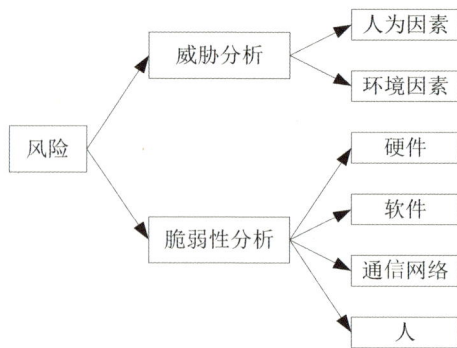

图 6.1　风险识别

6.2.1　威胁识别

系统威胁是一种对系统及其资产构成潜在破坏的可能性因素或者事件,是一个客观存在的事物。产生威胁的因素大致可以分为两类,环境因素和人为因素。人为因素又可以分为有意和无意两种;环境因素可以分为自然不可抗拒因素和其他物理因素。

(1)人为无意性威胁。人为无意性威胁往往不是出于主观意愿,而是相对客观的原因,源于运维人员水平低下或安全意识的缺乏等。开放平台访问用户广泛而又复杂,运维人员需要熟知系统知识,具备系统操作技术,这与系统风险水平具有高度的相关性。

（2）人为故意性威胁。这里将人员分为外部人员和内部人员。外部人员故意性威胁主要可以分为：未授权用户的软件使用，软件的未授权方式的使用，用户认证的伪装，恶意软件等。对于内部人员所造成的风险，其主动性威胁主要表现为：人员违章操作、人员有意破坏。甚至有些员工可能会非法阅览私人信息，篡改信息系统，这些行为会对开放平台系统造成直接的破坏。

（3）自然偶发性威胁。自然偶发性威胁发生概率较小，但危害相当巨大，可能会对整个系统造成致命的破坏，主要包括地震、洪水等自然灾害。

（4）其他物理环境威胁。这主要是由开放平台系统运行环境故障引起的威胁，包括电力中断、网络中断、温度湿度控制不当等。

基于上述的威胁来源，威胁源所包含的威胁点如图 6.2 所示。

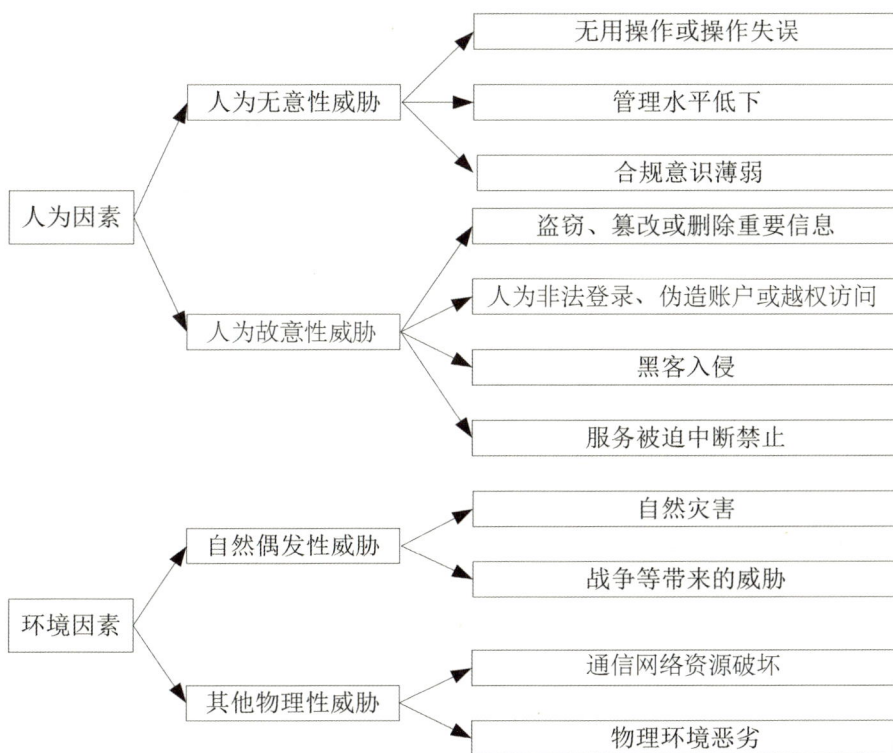

图 6.2 威胁事件

6.2.2 脆弱性识别

开放平台系统脆弱性和漏洞是风险产生的客观条件。系统的脆弱性主要有硬件漏洞、软件漏洞、网络通信漏洞以及运维人员的脆弱性四个方面。

（1）硬件漏洞。开放平台硬件包括小型机、PC 服务器、虚拟机、存储系统、负载均衡以及带库等。硬件故障一方面来源于自身硬件设计缺陷，另一方面受自然灾害及环境（温度、湿度、振动、冲击、污染、电磁）的影响，随着设备生命周期的临近，硬件发生故障的频率也相对较高。硬件故障的发生无法避免，很难预知，而其影响往往不容忽视，特别是对传统的高可靠性环境。双机切换所需时间已不能满足业务系统对连续性的要求，当硬件故障情况不确定或系统无法自动完成高可用性双机切换，对业务连续性的冲击较大，这对于以服务为窗口的银行系统难以容忍。开放平台应致力于研究如何采用易维护、高可用的架构设计，以减少甚至规避硬件故障带来的潜在风险。

（2）软件漏洞。从软件诞生之日起，其安全性就一直是一个不可回避的问题，而银行业开放平台系统软件具有种类繁多、复杂度高、技术更新快等特点，其软件的安全性尤为重要。安全、可靠、高效的软件，有助于提升客户体验，增强银行的核心竞争力，确保银行的生存发展。

银行业开放平台系统软件缺陷造成的风险分布在整个开发、运行和维护过程中。首先，在开发过程中，需要采用不同的语言、平台或架构，以满足不同的需求，这增加了开发过程中的安全管理难度。国内银行软件开发大多以信息化项目的形式进行，拥有完整的项目管理流程，但流程中涉及安全管理的内容却较少。主要表现在缺少安全管理角色，项目全生命周期中的安全管理工作不明确，需求、设计、测试等阶段的安全评审机制缺失等。同时为了适应业务快速发展需要，银行往往会不自觉地重效率轻安全，加大了风险隐患。其次，在运行过程中，应用软件程序 bug、脚本漏洞或应用处理能力限制等都可能会引发一系列生产运行安全风险。而在投产后，内外部监管部门对安全合规要求也在不断变化，要求也越来越严格，现有应用的测试环境难以完全模拟业务运行场景，导致应用软件维护变更相对较为频繁,这也对系统运行造成了一定的风险。

（3）网络通信漏洞。互联网的广泛应用,在提高银行业运行效率的同时,也提高了员工的办公效率,同时为客户提供了更高效的服务。但网络固有的脆弱性,使得信息系统时刻暴露在威胁之下。网络通信方面的脆弱性主要表现为信息泄露、非法登录、通信延迟、缺乏网络安全防范措施、缺乏网络通信安全监控、网络通信技术与系统发展不平衡等。

（4）人为脆弱性。开放平台访问用户广泛而又复杂,使用者的操作规范和合规安全意识与系统风险水平具有高度的相关性。事实上人为因素已经成为系统安全问题的最主要因素。人为脆弱性一般描述为道德风险和自身能力的限制。当违反制度所带来的收益高于责任与义务时,铤而走险引发道德风险是有可能的。同时人自身的能力是有限的,所以在日常的运维工作中,除了主动有意行为,还会存在一部分被动无意的操作失误。

从脆弱性的来源上看,具体的系统风险脆弱点如图 6.3 所示。

6.3　系统安全管理模型

P2DR（policy protection detection response,策略、防护、检测、响应）模型是动态安全模型的代表模型,如图 6.4 所示。P2DR 模型是在整体的安全策略的控制和指导下,在综合运用防护工具的同时,利用检测工具了解和评估系统的安全状态,将系统调整到最安全和风险最低的状态。防护、检测、响应组成了一个完整的、动态的安全环,在安全策略的指导下保证系统的安全。

开放平台系统是一个动态变化的环境,面临着信息业务的不断发展变化、业务经营环境的变化、信息技术和安全技术的飞速发展。同时,系统自身也在不断变化,像人员的流动、不断更新升级的系统等。总之,对于这样一个动态的系统、动态的环境,必须要用动态的安全模型来应对安全问题。

根据 P2DR 模型理论,安全策略是整个系统安全的依据。安全策略是指在一个特定的环境里,为保证提供一定级别的安全保护所必须遵守的规则。开放

	硬件设备自身设计缺陷
硬件漏洞	所处环境防范不足或保护措施不当
	自然灾害影响

	系统漏洞
软件漏洞	软件功能不匹配或不完善
	系统安全管理机制不足

	网信通信延迟或中断
网络通信漏洞	网络通信安全保护机制缺乏
	通信信息传播介质缺乏管理保护
	网络通信的虚拟性

	安全培训缺失
人为因素	自身能力有限
	道德风险发生倾向
	外部人员监管不足

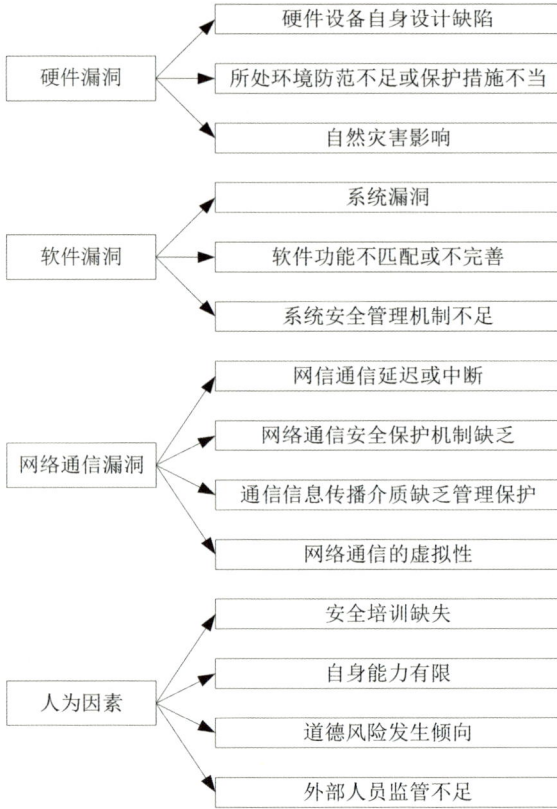

图 6.3　脆弱性事件

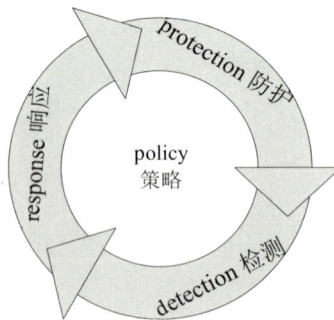

图 6.4　P2DR 模型

系统风险防控安全策略主要有以下内容。

（1）组织安全策略。建立合理的信息安全管理组织结构，明确组织安全职能，以协调、监控安全为目标来实现。与组织有关的策略包括：明确信息安全职责，严格执行审批授权；识别并定期评审各方反映的保护信息安全的保密或非扩散的需求；识别外部各方的业务过程的信息和信息处理设施的风险，并在允许访问前实施适当的控制，保证内部安全；保证被外部各方访问、处理、沟通的信息安全及信息处理设施的安全。

（2）资产安全策略。组织要有效地控制安全风险，首先需要对信息资产进行识别和管理。根据不同类型信息资产的特征，科学而有效地分类，并制订实施正确使用信息资产的操作规程；识别数据中心具有重要价值的信息资产，落实各个管理层面对这些信息资产的管理责任，采用恰当的控制措施对信息资产进行风险管理，并确保对这些信息资产的有效使用。

（3）人员安全策略。明确组织内人员任用相关的安全控制，以便对人力资源进行有效的安全管理，制订并实施对员工的任用前、任用中、任用后各阶段的安全职责、行为规范，确保员工行为符合要求并能够忠于职守；确保外部人员在数据中心工作期间履行其信息安全义务，降低人为差错、盗窃、欺诈或滥用设施的风险。

（4）安全意识策略。对数据中心员工和外部人员进行充分的信息安全意识培训，明确员工在工作中的信息安全职责，使其掌握所处岗位的信息安全技能；明确外部各方在数据中心工作时所应遵循的信息安全要求和所应履行的信息安全责任和义务，确保数据中心员工和外部人员认识到信息安全的重要性，并在工作中贯彻执行信息安全方针，以降低信息安全事件的发生率。

（5）网络安全管理策略。实施网络安全管理，划分网络安全区域，对网络设备、网络活动进行监控和管理，制订网络安全策略和操作规程，对网络信息及其支持设施进行保护，维护网络服务的可用性，保证通过网络传输的信息的保密性和完整性。

（6）操作安全策略。为所有设备设施和信息系统制订操作规程，建立事前防范、事中控制、事后纠正的动态管理机制,采用多层次的监督与检查措施,确保设备设施和信息系统的安全操作。

(7)岗位安全策略。以权限最小化原则进行授权,根据风险控制原则制订岗位职责,设置岗位备份,并对已获授权的部门和人员建立有效的评价和反馈机制,确保重要岗位职责分离且有 AB 角互为备份。

(8)恶意软件管理策略。建立有效的计算机病毒预防、发现及查杀机制,实施防止恶意软件的侦查与防护控制,并提高员工的防范意识,降低恶意软件对数据中心的影响。

(9)数据存储策略。建立数据存储的制度、流程和操作规程;采用适当的数据加密技术以保护重要数据,降低由于未授权访问、信息泄露、数据损坏对数据造成的威胁。

①数据备份策略。根据备份策略对数据进行备份并定期对备份数据进行有效性测试,保证备份数据的完整性和可用性。

②数据传输策略。建立正式的交换策略和操作规程,保护各类交换信息的安全;明确介质管理要求,定期对介质实施检查,当介质不再需要时,应按照流程进行安全可靠的销毁,防止对传输中数据的未授权访问、修改、移动或破坏。

③系统补丁管理策略。制订并实施补丁管理策略和操作规程,确保数据中心信息系统适时更新必要的系统补丁,以保证信息系统的安全。

④访问控制策略。加强对数据中心资产的访问控制管理,规范用户管理、密码管理、系统配置等要求,并提出访问控制管理的各项基本要求,对信息资产的访问进行控制,确保隔离运行、用户唯一、权限最小、职责分离、默认拒绝原则的有效落实。

⑤用户权限管理策略。通过实施用户管理,确保相关人员获取适合其工作职责的访问权限,形成用户访问权限的清单并定期审核,用户离岗或离职时及时进行权限的调整和清除,确保合法用户获取适当的访问权限,防止用户非授权访问。

6.4　系统风险防范措施

作为系统安全的依据,安全策略一旦制定,就应当成为系统风险防范的准则。基于上一节所介绍的系统安全策略,对系统安全风险防范措施进行进一步研究。

系统风险防范措施可以分为技术和管理两类。技术手段属于一种被动的安全防范,只有在系统受到攻击的情况下才发挥作用,通常有防火墙、数据加密、身份确认与授权等。管理手段属于一种主动性安全预防,在安全防范体系中占有重要的位置,通常体现在建立安全制度、制定安全策略、完善内部控制、规范流程建设、普及安全教育、加强安全审计、丰富监控手段等。

先进可靠的安全管理技术是保障系统安全的主要措施之一,安全技术的合理使用与科学管理是安全管理技术的首要任务,需要对自身面临的威胁进行充分的风险分析与评估,制定正确的科学决策并选择适宜的先进的安全机制。利用先进安全的技术、产品,辅之有效的管理方法和运维模式来减少甚至避免系统安全风险发生,并有效防御系统潜在的安全风险。两者是不可分割的,往往需要综合运用,相辅相成。融合技术和管理两方面,提出以下四条系统风险防范的具体措施。

(1) 建立安全制度,普及安全教育。安全生产是开放平台运维的最基本目标,而安全制度就是实现这一目标的重要保障。建立健全安全规章制度及流程建设,是防范开放平台系统风险的基础。安全制度包括一系列的规程,如岗位职责、检查制度、管理细则、工作规范、操作手册等。要科学合理地设置岗位,贯彻"不相容职务分离"原则,建立完整而清晰的岗位职责制度,明确岗位的职责、担任人员的资格和素质、岗位工作目标等。针对不同的岗位制定详细而可行的检查反馈制度以及操作流程。同时加强员工的风险教育培训,提高安全意识和对风险的识别、控制能力。要将风险文化形成一个体系,持续不断地渗透到员工的思想意识和工作行为中,使之牢固树立"合规为荣,违规为耻"的价值观,以有效防范风险,保障开放平台生产系统安全、稳定运行。

（2）加强内部控制,加大排查力度。健全的安全制度体系是开放平台风险防控的理论基础,还需要对制度的落实情况进行跟踪监控和反馈。这就要求把握形势,紧贴业务,不断研究新的风险控制点,完善内部控制制度,加强内部控制监督,及时有效地进行评估并控制可能出现的操作风险,把各种安全隐患消除在萌芽状态。

当前,开放平台重点要在七个方面完善内部控制制度。一是建立相应的授权体系,实行超级用户集中管理和统一授权,并完善授权流程、授权登记和授权报表的生成;二是建立必要的职责分离,如实施操作系统和数据库管理员权限分离,实施横向与纵向相互监督制约的制度;三是明确关键岗位、特殊岗位、不相容岗位及其控制要求,如变更实施和复核双人在岗的要求;四是对于重要活动应实施连续记录和监督检查,并定时进行汇总和回顾;五是对于新项目的投产组织结构、流程,建立有效的控制程序;六是建立信息安全管理体系,对硬件、操作系统和应用程序、数据和操作环境,以及设计、采购、安全和使用实施控制;七是各个系统均建立并保持应急预案和程序,确保系统的持续运行。

切实落实系统安全生产风险的预防和化解,不断提高安全生产事故防范和处置能力,提高对开展全面风险排查工作重要性、必要性、紧迫性的认识,加大风险排查力度,用现场和非现场的监控手段,对可能发生操作风险的环节进行持续跟踪检查,对检查出的问题督促其及时整改。实行严格的问责制度,对发生操作风险事件的直接经办人员和相关人员进行处理,具体流程如图 6.5 所示。

（3）完善系统架构,规范运维流程。目前,开放平台系统大多采用了传统的双机热备模式,即高可用性互备,这种高可用互备模式较好地保障了生产系统的安全稳定运行。然而随着业务的快速发展、创新以及连续性要求,传统双机热备这种高可用互备模式逐渐暴露出切换、配置以及维护过程中的局限性。具体表现在以下几个方面:切换时间和成功率受其他不可控因素制约;切换过程对连续性影响较大,双机切换后存在单点运行风险;对于双存储镜像下的配置复杂不利于应急,等等。因此,双机热备模式已经不能满足越来越高的系统高可用性需

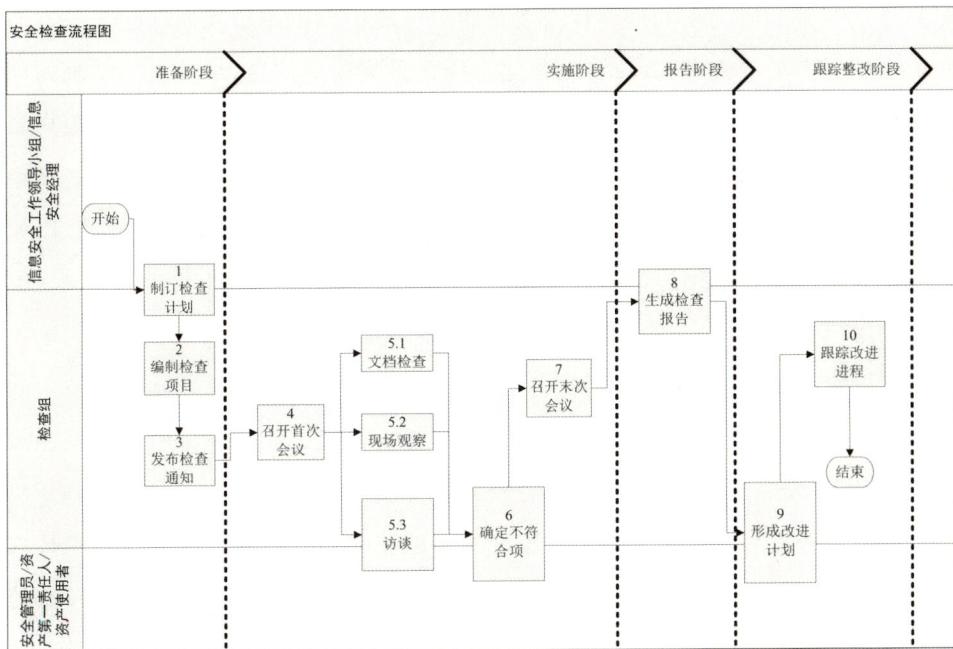

图 6.5　安全检查流程

求,要将双机热备模式逐渐向可用性更高、扩展性更好、易维护性更强的集群架构模式过渡。这就要对重要系统着手开展系统架构优化改造,规范系统架构并引入应用集群、负载均衡接入以及系统集群模式,对数据库系统开展引入集群数据库,引入存储虚拟化技术,如 EMC VPLEX、IBM Open Hyperswap 等。

同时,对于日常运维流程,也要做出标准化、精细化、规范化的要求,以适应日趋复杂的运维环境。要研究实际运维需求,分析开放平台生产运维管理的特点,建立面向开放系统的自动运维管理平台,对生产系统进行常规自动检查、系统资源的配置管理、报警信息的自动采集及分析,让系统管理员把主要精力放在生产运维流程的完善、改造以及新技术、新架构研究上面,以不断提升开放平台运维保障能力。

(4)统一用户管理,加强访问控制。根据开放平台系统运行特点,遵循权限最小化分配原则,采取对生产用户统一规划、分配及集中管理的措施,以确保分配并建立唯一对应关系的最小权限登录用户。统一规范用户规划、分配，一方面便于生产用户集中管理，通过自动化运维操作采集用户信息，结合生产系统的项目管理，灵活方便地按部门、项目生成用户信息，这样可以有效开展生产用户及权限定期回顾，有效推进部门用户确认进程，及时消除生产用户潜在的安全隐患。另一方面有利于生产应急处置，快速准确地获取系统维护人员的信息，以便自动完成配置库生产用户信息采集，有效减少配置库维护成本。

在用户管理过程中，明确账号使用过程中的角色和职责，建立基于角色的权限控制机制，确保角色和职责相符合，有效提高管理质量。同时建立账号使用和管理流程，实现账号生命周期的精细化管理，建立合规的账号和密码安全管理策略，满足安全监管要求。

伴随业务发展和信息系统自身架构的不断完善，超级用户、特权用户等特殊账号的种类和数量逐渐增多，此类账号独有的特殊作用和超强效应，在管理、使用过程中的诸多现实问题与安全要求之间的矛盾日渐突出，风险隐患明显。如多人共享账号、密码复杂度不够、人工管理强度大且效率低、账号行为难以记录和审计等。建立特权账号管理规范和机制，凡是需要使用特权账号的操作行为，其登录用户必须通过严格的用户授权获取与之匹配的权限，并在申请使用的时间范围内自动提示时效、回收等。

对于 Windows 平台的系统，通过 Windows 活动目录实现系统管理员用户分配，以项目为单位分配组织单元，每个项目建立一个系统管理组，为每个系统管理组分配对应项目的本地管理员权限。按照现有的应用系统分别建立一个系统管理员组，并按照项目把系统管理员组添加到该系统的所有应用服务器的本地管理员组里，通过自动化运维管理工具降低管理成本，减少工作量。

对于访问安全，遵循授权访问。对拥有授权的人，要保证访问自由；而对于没有授权的人要保证访问不到。要真正做到安全可靠、可追溯，就要求制订合理的访问控制，控制对信息的访问，建立起全面的用户访问管理，避免信息系统的未授权访问；让用户了解其有效访问权限控制的职责，禁止越权访问；对网络访问加以控制，保护网络服务；建立操作系统级的安全访问控制授权；建立应用软件级别访问控制,限制用户访问保存在信息系统中的信息;监视系统访问和使用,监测未授权的活动,当使用移动计算和远程工作时,也要确保信息安全。具体措施有四个方面。

①采用堡垒机技术。为了加强 UNIX/Linux 平台的安全控制,我国银行业 2007 年启动 UNIX 平台用户认证与行为审计系统建设,并于 2008 年正式在数据中心投产试行,以灵活的角色划分为基础,为不同的角色提供可配置的功能,为 UNIX 平台系统管理员、数据库管理员、应用维护人员、操作人员提供了交互式操作平台,实现了用户的集中认证与授权、用户的操作行为跟踪审计,增强了系统访问安全性,同时便于安全管理人员及审计人员对操作内容及过程进行回放等,操作行为可追溯,便于用户管理员定期开展堡垒机用户、权限回顾以及操作行为自查报告,更符合内外监管部门的合规要求。

②用户集中授权管理。为加强对超级用户的管控,对凡是操作运维需要使用超级用户权限的普通用户实施访问控制,集中开展超级用户授权管理。授权流程为:首先是申请,申请人(系统管理员或系统值班员)利用用户授权申请单或运维工具提交申请审批,填写需授权用户、分区、时间、原因,选择在线、现场、短信的方式进行授权。然后是审批,在工作时间,对于操作风险为低、中等的原则上授权组长或技术骨干审批并通过运维工具开展用户授权,对于高风险的,必须经部门领导审批;而在非工作时间,原则上组长使用短信授权,授权系统值班员开展用户授权,双人临岗。最后是应急,对于可能影响生产的突发事件需紧急授权,申请人联系本职能组长并通过 OpenIMIS 短信授权,可以通过联系其他职能组长或处长应急授权,特殊情况可向所有职能组长申请使用 HMC 硬件控制台的运维终端。

③硬件控制台集中管理。机房属于安全级别最高的场所,进入机房需要经过一系列严格审批,一方面流程相对烦琐、时间难以控制,另一方面也不利于生产应急处置。硬件集中管理系统实现了从普通系统管理过渡到安全系统管理,从域本地管理过渡到远程控制管理,从"被动"监控管理过渡到"主动"运维控制,统一门户访问、统一授权、统一认证、统一安全审计。仅允许特定用户可以通过

指定运维终端访问硬件控制台,如部门领导、组长或技术骨干。紧急情况下部门领导、组长可以授权系统管理员或值班员使用。

④运维终端集中管理。为加强生产运维管理,开设独立开放运维区域,开放运维终端作为接入生产系统的渠道,运维终端的安全性、重要性毋庸置疑,以"降低成本、提升安全性、高效运维、降低人为风险"为目标,开展运维终端的集中化、标准化、自动化和流程化建设,增强银行 IT 业务运营的技术支撑和保障。集中化包括分散部署、集中管控、统一管理、统一认证、统一授权;标准化包括安全标准化、配置标准化、操作标准化、功能标准化;自动化包括变更自动化、发布自动化、验证与测试自动化、自定义作业;流程化包括作业组合、任务序列,解决传统运维终端管理模式所存在的账号管理、密码管理、传统运维终端管理等问题,以实现终端用户管理、统一身份验证及账号集中管理和运维、安全管理、外接介质控制、软件管理和共享文件夹管理、运维终端监控等。

(5) 深化技术研究,强化操作管理。可靠而先进的技术是开放平台风险防范不可或缺的重要依托。必须加以重视,不断深化技术创新研究,建立健全技术条线规范,实现技术统一、规范统一,定期开展技术研讨、修订、优化及回顾,组织开展技术交流、培训,并在模拟环境下开展实战操作演练。开放平台环境的复杂多元,对开放平台系统软、硬件管理提出了更高要求。必须精细化技术管理要求,开展对小型机 UNIX 系统、PC Server Linux/Windows 系统、数据库(Sybase ASE、Sybase IQ、ORACLE、SQL Server)、中间件(CICS、WAS)、负载均衡、存储系统以及虚拟技术等的优化研究,以减少漏洞和防范风险。

同时运用适当的安全控制技术措施来增加系统的安全性,减少风险产生的可能性。常用的两项技术包括系统授权与数据加密。系统授权需要控制用户身份、用户存取方式以及用户存取对象来满足系统的安全需求和用户需求。用户身份不仅代表他是系统的合法者,而且设定了允许其使用的终端、系统程序的范围。在某些特殊情况下,对一些敏感、高危的信息对象,应充分利用系统授权来严格控制其访问需求,这样可以避免非授权访问,有效提升系统的安全性和稳定性。数据加密技术是以防止重要敏感信息被泄露为目的,利用加密技术对其处理后再进行存储与传输。同时为防止重要敏感信息被篡改或伪造,可利用加密的办法开展信息的完整性鉴别,特别是电子商务,可以通过加密技术的应用(如数字签名)对交易双方身份的真实性予以认证,增加用户交易的安全性。

另外,开放平台基础软件版本管理是防范生产运行风险的有效手段。为确保生产、开发、测试与灾备环境下基础软件版本的一致性,尤其要关注生产环境下基础软件版本的启用、推广、升级、退出以及回顾。开放平台基础软件版本升级换代相对较快,特别是小版本或小补丁的更新,这对生产环境下基础软件版本的启用、推广、升级甚至退出等带来不少的挑战。必须结合基础软件版本的生产运行情况,定期开展生产环境下基础软件版本安全隐患分析、评估,及时解决基础软件版本及补丁系统缺陷或漏洞所导致的生产隐患。面向开发、测试、生产以及管理等部门组织制订基础软件投产推荐版本并定期发布,建立或完善其版本运行技术规范与标准,同时建立健全开放平台基础软件版本及补丁升级工作机制及流程。

一般来说,对生产环境下版本正式启用的必要前提应包括但不限于以下几点:已正式纳入推荐版本并已建立技术规范;已在开发、测试环境使用并且系统运行稳定;已具备相关测试报告,包括关联基础软件版本兼容性、压力测试报告、性能测试报告等;对于重要系统,应确保在非重要系统试运行或具备案例;已具备指导手册,比如安装部署、日常运维、监控策略、高可用性配置以及应急处置方案;已开展技术及运维规范培训、技术转移等。对于软件版本升级,确认升级的必要性与合理性,评估升级影响范围,综合确定版本及补丁升级的测试方案。如果是非功能性升级,一般建议对相应的开发测试环境实施升级,并通过开发测试部门、项目小组日常使用以及重要业务交易验证来推断或预判基础软件升级后的系统是否正常。如果升级版本或补丁包含功能性升级,需要测试部门对开发测试环境实施基础软件版本升级,由测试中心组织开展全部交易覆盖测试,甚至组织性能测试。而关于生产环境下的开放平台基础软件版本退出,不仅要充分结合基础软件版本生命周期,而且要兼顾生产环境下的系统运行稳定程度。需要从多个维度开展对生产环境基础软件的退出版本评估,评估内容应包括但不仅限于以下几点:基础软件是否已发现存在严重的缺陷;基础软件服务厂商是否已终止支持服务、停止补丁更新;基础软件服务厂商的服务资源以及技术支持是否具备保障能力;基础软件新版本是否已发生较大的技术变革,等等。

6.5　系统风险评估

在清楚掌握开放平台系统风险点并用各类技术和管理措施进行防范的同时,还需要借鉴全面的系统评估理论,制订合理的评估方法,定期自查与反馈。风险评估就是从风险管理角度,运用科学的分析方法和手段,系统地分析开放平台系统所面临的人为和自然的威胁及其存在的脆弱性,评估安全事件一旦发生可能造成的危害程度,提出有针对性的防护对策和整改措施,以防范和化解风险,或者将残余风险控制在可接受的水平,从而最大限度地保障开放平台系统的安全、高效运行。

系统风险评估的前提是必须要对上文提出的威胁、脆弱性和风险有全面的理解。这里引入一个资产的概念。资产(assets)可能以多种形式存在,有无形的,有有形的,在开放平台运维管理中主要有硬件设备、软件、数据、服务、文档、人员,等等。资产、威胁、脆弱性和风险这四者的关系是:威胁利用资产的脆弱性,使资产存在风险,可能造成资产价值的损失;同时可以针对资产存在的风险,提出防护需求,采取防范措施排除脆弱性带来的漏洞,从而降低资产的风险并减少价值的损失。

风险评估方法大致可以分为定性分析、半定量分析和定量分析三种。定性分析采用文字形式或描述性的数值范围来描述潜在风险的大小程度,以及这些风险发生的可能性,其依据组织面临的威胁、脆弱点以及控制措施等元素来决定安全风险等级。典型的定性分析方法有因素分析法、逻辑分析法、历史比较法、德尔斐法等。定性分析方法具有操作简单、易于理解和实施、便于重点分析等优点。但是定性方法主观性很强,对评估者本身的要求很高,需要有专家级的知识和经验,且很难完全反映安全现实情况。

风险评估的流程如图 6.6 所示。

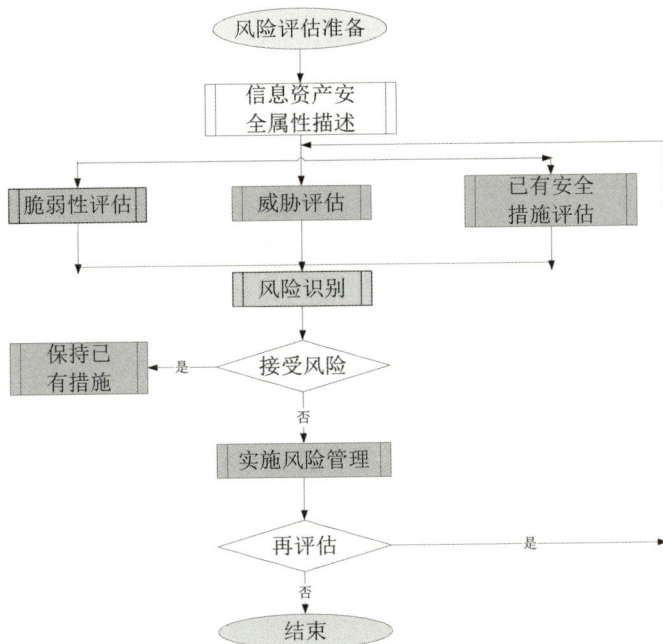

图 6.6　风险评估流程

定量分析方法是指运用量化的指标对信息系统风险进行评估分析,而不是定性或半定量分析中所使用的叙述性数值范围。对经过量化后的指标采用数学的统计分析方法进行加工、处理,最后得出系统安全风险的量化评估结果。典型的定量分析方法有因子分析法、聚类分析法、时序模型、回归模型等。定量分析方法的采用可以使研究结果更科学、更严密、更深刻。半定量分析介于两者之间。

基于上述四类风险管理要素,以 ISO13335 中的核心安全风险模型为基础,提出一种常用的风险评估模型,如图 6.7 所示。

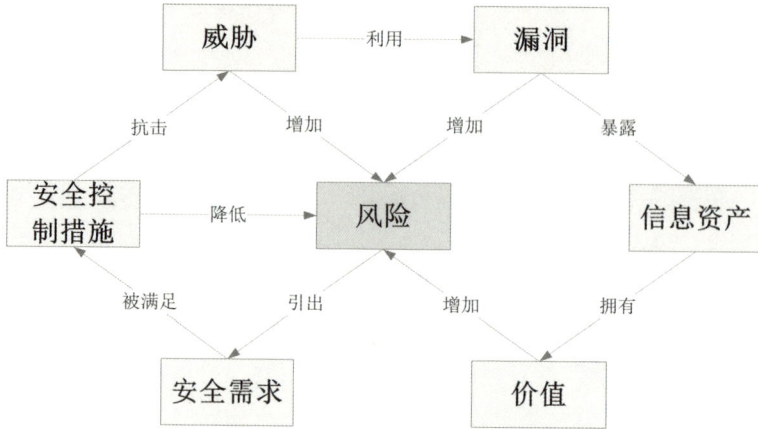

图 6.7　基于风险要素的评估模型

由图 6.7 可以看出,风险(R)是以资产(A)、脆弱性即漏洞(V)、威胁(T)和已有安全控制措施(C)为自变量的一个函数,即

$$R = F(A, V, T, C)$$

一般而言,风险(R)将随着信息资产拥有的价值、漏洞被利用的危害、威胁攻击的影响三个因素安全属性的提高而增加,同时将随着已有安全控制措施抗击威胁的有效性提高而降低。根据风险结果分析从而引出信息资产的安全需求,为采取可行有效的风险补救措施提供依据。

综上所述,针对银行运维工作中的安全隐患,即风险点,进行了深入的分析和探讨,设计了系统安全管理模型,同时给出了有效的安全管理策略、风险防范措施进行开放系统安全管理,最后,通过风险评估检测风险防控的效果,提升开放平台运维风险防控水平。

6.6　其他风险与去 IOE 化

除了一般的信息技术故障、外部服务中断、人为破坏和自然灾害等因素导致的风险以外,我们还应注意到潜在的政治风险。银行业作为我国信息化前沿的关键行业,基础信息设施中的核心硬件几乎全部由国外厂商垄断,这既是我国金融信息安全的隐患,也令银行业在控制信息科技成本方面受制于人,影响银行业信息化建设的长远发展。国外厂商垄断银行业核心硬件的局面,首先是由于银行业业务对硬件的性能和可靠性要求特别高;其次,国内厂商在高端服务器、数据库和存储技术等方面与国外相比仍有差距;最后,银行业在技术选择上存在路径依赖。

从斯诺登爆出"棱镜"计划来看,美国情报部门之所以方便获取数据,根本原因在于美国企业生产的服务器、数据库、路由器等软件和设备在全球范围内的广泛使用,从而使得美国情报部门可以从这些设备厂商的服务器中搜集客户信息。"棱镜"事件为国家信息安全敲响了警钟,尤其对政府和大型金融机构而言。银行业监管部门很早就关注到了这一问题的重要性,2012 年底成立了银监会银行业信息科技监管部,从成立之初就提出了"自主可控"加强信息科技建设的口号,目的就是希望解决核心技术受制于人的问题。

推动银行业信息设备的国产化和去 IOE 化非常有必要。去 IOE 化是使用国产同类设备代替此三家产品的过程。IOE 是对 IBM、Oracle、EMC 的简称,I 是 IBM 小型机,O 是 Oracle 数据库,E 是 EMC 存储设备,目前 IBM 产品在银行大型服务器市场的占有率高达 70%。去 IOE 化不仅能从根本上保证国家金融安全,防范政治风险,而且可以控制银行的科技成本,促进国内自主知识产权的发展。

目前,银行业在信息设备国产化的道路上正疾步前进。有银行参与研制的华为 H8000 高端容错计算机系统处理能力和可靠性达到或超过预期指标,示范应用经过 8 个多月的运行,安全稳定,实现了国产主机在关键业务中的应用,项目顺利通过验收。除此之外,银行业整体网络优化和改造项目中全部采用国产化网络设备。在大数据方案中,采用国产 PC 服务器,支持对历史交易数据进行查询与分析,将以往由 IBM 高性能小型机才能完成的计算任务,分解为由多台 X86 服务器组成的计算集群完成。系统实际运行表明,该分布式计算集群具备处理海量结构化和非结构化数据的能力,并有效降低了科技成本,保证了金融信息的安全。

第7章

大型商业银行电子银行系统的运维实践

大型商业银行开放平台力求以合规性、可用性、经济性、服务性为目标，保证各类系统及服务器长期稳定运行。围绕这个目标，本书研究了运维管理过程中所涉及的各种对象及其关联关系，映射了大量的运维场景，建立了运维系统的平台治理模型，风险防控体系模型和应急风险管理体系模型，并在银行开放平台系统的维护中推广使用。

电子银行是银行开放平台所运维的对于实时性、连续性和稳定性要求最高的系统组群之一，也是最早运用本研究所设计的治理模型、应急风险管理和风控管理理论进行一体化管理的大系统。

电子银行的应用模块集中，架构庞大复杂，业务系统逻辑关联紧密，基础架构设计对应用可用性、业务持续扩增和用户体验都有长远的影响。相对很多系统而言，电子银行系统操作的技术复杂度和精密度要求也高。这个系统群的日常运维事项繁杂，流程多样，变更和事件数量随业务发展高速拓展，增长惊人。相应的，该系统群所面临的网络风险、操作风险及安全风险也较大。此外，由于其提供的服务细致繁多，业务的逻辑复杂度高，应用和维护人员却分处异地，信息共享和人员协调的时间和空间成本都较高。因此，从各个方面来讲，电子银行系统的运维管理面临很多挑战，也是检验本研究运维管理体系理论的一个难得的实例。

7.1　电子银行业务构成

随着信息技术的发展及电子渠道类业务的发展,电子银行系统占据越来越重要的地位。未来银行业的发展将会依托电子金融,电子银行将会比传统银行更有发展潜力。电子银行发展迅猛,业务发展越来越迅速,且越来越多的业务从柜台扩展到电子渠道。发展电子银行业务,使得银行在提供服务的空间和时间上有了极大突破,不再受传统营业时间和网点的限制,可以有效分流商业银行柜面业务,缓解业务处理压力,节约运营成本,也有助于商业银行改进服务水平,提升核心竞争力。电子银行的业务发展迅速,主要体现在业务覆盖面广、客户群体日益广泛和交易量增长快三方面。特别在渠道建设、产品创新上的进步也是有目共睹的,成功构建了网络金融、语音金融、移动金融、自助金融和电商金融五大在线金融服务体系,电子银行已成为金融交易和客户服务的重要渠道。而随着互联网的普及和信息技术的快速发展,电子银行的业务也会顺势迅猛增长。根据中国互联网协会发布的《中国互联网发展报告 2018》,截至 2017 年底,中国网民规模达 7.72 亿,并且存在 5.31 亿网上支付用户和 5.27 亿手机支付用户,年增长率超过 11%,这为电子银行的发展提供了巨大的客户基础,意味着我国电子银行的业务仍存在很大的发展潜力。

电子银行主要由六大部分业务构成:个人网银、企业网银、电子商务、手机银行、电话银行和客户服务(见图 7.1)。该六大模块所承担的业务类型如下。

(1) 个人网银。主要为客户个人业务的办理提供 7×24 小时不中断的服务,亦被称为"电子营业厅"。根据访问方式及提供服务的不同,个人网银可分为以下四种:个人网银标准版(需通过移动证书登录,受理业务类型最全)、个人网银公共客户版(无需移动证书,根据卡号登录)、个人网银自助注册版(无需移动证书,根据用户名、密码登录,功能受限,仅用于查询类业务)、个人网银英文版(类似于英文标准版,交易类型较少)。

(2) 企业网银。主要为企业客户的业务办理提供 7×24 小时不中断的服

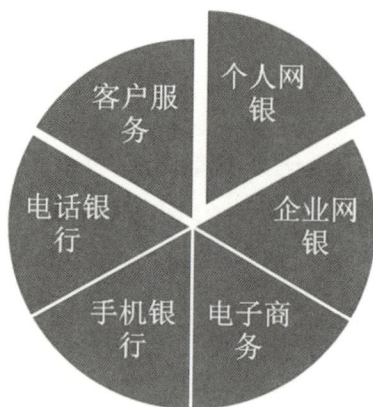

图 7.1　电子银行业务组成

务,企业可通过该平台实现多样化的特殊业务。根据访问方式及提供服务的不同,企业网银可分为以下五种:智博版(相当于标准版,需通过移动证书登录,功能较全)、智锐版(为中小企业提供服务,需通过移动证书登录,操作流程简单,保留常用功能)、英文版(类似于英文标准版,交易类型较少)、智信版(无须移动证书,根据用户名、密码登录,功能受限,仅用于查询类业务)、智翼版(实现银企直连,可由企业的 ERP 系统连接企业网银接口)。

　　(3) 电子商务。为特约商户及其客户提供支付结算、在线融资等金融服务,以及相关的增值服务,具体业务范围包括支付结算、在线融资和增值服务等,根据业务类型及功能主要分为七个子系统:B2B 平台(商户之间的支付交易平台)、B2C 平台(个人客户与商户之间的支付交易平台)、C2C 平台(交易市场,个人客户之间的支付交易平台)、电子账单(为客户提供其通过电子支付平台进行交易的明细账单)、基金直销(个人客户与基金公司之间的支付交易平台)、商户账务处理(为商户提供与银行的业务处理,如查询、退款)、个人账务处理(为个人客户提供与银行的业务处理,如查询、退款)。

　　(4) 手机银行。主要为客户通过手机进行个人业务的办理提供 7×24 小时不中断的服务,亦被称为"掌上银行",可进行第三方存管预约转账、个人贷款查询、转账交易记录查证等交易。根据实现平台的差异,手机银行主要分为三个子系统:WAP 版(最传统的手机银行,适用于 2G 数据网络传输)、3G 版(适用于 3G 数据网络传输)、客户端版(适用于不同平台的智能手机通过客户端进行业务处理,目前存在 Andriod、IOS 版)。

(5) 电话银行。与客服系统相结合,客户可以通过拨打客服热线处理相关业务,该平台也是 7×24 小时对外提供服务,特别在网上银行进行例行维护,电话银行是一个很好的补充。

(6) 客户服务。除了传统的电话客服外,银行已陆续推出网上客服、微信平台等客服系统,为客户提供全平台、全方位的服务以提高客户满意度。

电子银行的发展主要依托信息化、电子化的普及,具有全球化、开放性、虚拟化、智能化、运营成本低、亲和性强等特点。同时,电子银行可以发展多样化的渠道交易,同时对信息技术依赖性强,特别依赖于互联网的技术,也存在大数据量的处理要求。相较于传统银行,电子银行运行效率更高,无时空限制,业务种类更多,更贴近客户。因此,对于电子银行系统运维实时性要求高,要求服务、技术上与时俱进,保持创新能力。随着电子银行的业务发展,为了给客户提供方便的转账汇款、投资理财、网上购物、网上缴费等多种支付活动的平台,已实现了网银与证券公司、基金公司、非金融支付机构等的网络平台互联。

对于绝大多数银行来说,电子银行是传统银行的业务延伸,由于其平台的开放性、便捷性,传统银行的相关业务均有向电子平台扩展的趋势。加快电子银行创新发展,是新形势下银行提升竞争能力、打造一流商业银行的必然选择。电子银行随时随地、网通即达的渠道优势,业务自动处理、耗用资源较少的低成本优势,以及客户基础庞大、业务积少成多的规模优势,显示出巨大的竞争优势和发展潜力。当前,在信息技术的驱动下,银行业务"电子商务化"的趋势日益明显,越来越多的金融机构利用网络媒体、社交网络和即时通信工具发布产品信息、收集客户需求,并利用电子渠道定制产品和服务。越来越多的金融产品和服务通过新兴网络直接提供给客户,增强了金融服务的便捷性和可获得性。目前,电子银行均朝着业务种类丰富、服务品种繁多的方向发展,各家银行都形成自有品牌。比如农行的"金 E 顺"近年来发展迅猛,目前已有 60 多种业务类型,在客户中拥有良好的口碑。长期以来,电子银行各业务系统不仅积累了大量重要的业务数据,而且随着业务的快速拓展和客户数、交易量的猛增,数据每天都在以惊人的速度增长,为了满足相关数据快速查询的需求,各类相关查询、统计分析功能也在不停扩展。

7.2 电子银行架构体系

电子银行系统是目前开放平台规模最大、涉及技术最广、部署设备最多的项目,也是开放平台的核心项目。随着互联网技术的不断发展,电子银行业务量也呈逐年迅速上升趋势。在成功实施的电子银行"518 工程"中,开放平台对电子银行系统基础架构建设进行全面分析和评估,针对电子银行系统应用、架构、基础软件三个方面进行改造升级,对重要数据库服务器进行了架构改造,以支持互联网金融时代电子银行业务的发展。

从交易层面来看,电子银行的业务接入方式主要有三种:广域网接入、内网接入、合作伙伴的专线接入。其中绝大部分的客户通过广域网访问各个应用系统,行内用户及柜面通过内网接入访问系统,具有特殊需求的合作伙伴通过专线接入系统。所有的接入访问都必须经过"三明治"架构的网络防火墙接入应用交付资源池处理,并由统一安全体系进行安全校验,再通过负载均衡方式将交易分发到各应用渠道的 Web 服务器集群。各渠道的应用服务器经过初步处理后,依据交易类型的不同接入后台的网关系统和其他相关系统,最后再接入核心业务系统。整个系统通过网络进行层层递进,越靠近核心业务层安全级别越高。

从物理层面来看,交易进入电子银行的架构历经应用交付池、PC 虚拟资源池、小型机资源池和存储资源池等(见图 7.2)。

电子银行的系统架构按照标准化配置,利用集群、虚拟池和负载均衡等核心技术,确保了业务和系统的高可用性和可扩展性。其设计细节体现在几个方面。

1) 可扩展性

基于电子银行系统业务模块的不断扩展,业务量的迅速增长,电子银行的各

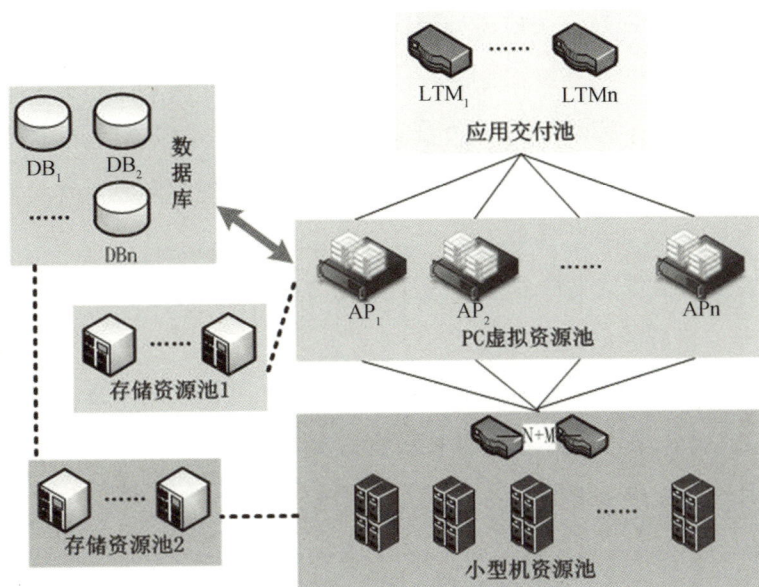

图 7.2　电子银行的物理架构

子系统均采取统一框架进行开发,基础环境也要求统一性,这样可以提高整个电子银行系统的可扩展性。可扩展性强的系统除了满足系统横向扩展的要求,还为新的子系统的加入提供条件。同时,建设在标准基础环境下的系统也有利于运维,既可实现统一化管理,又可实现分布式管理。以电子银行中的电子商务系统为例,前端应用(B2C、B2B、商户服务、市场服务、多渠道支付等)都是部署在基于 Web Service 的集群架构中,访问接入都是通过硬件负载均衡提供应用交付服务。而起着极其重要作用的框架、日志数据库也要求部署在统一的高可用架构的数据库服务器中,各类应用可以根据各自需要扩展应用服务器,公共环境(如数据库、服务总线、网关)可以统一规划设计以支撑服务。

2) 高可用性

电子网银的架构设计以冗余架构为主,多为集群和负载均衡架构。冗余的架构可保证在整个交易链条中任何节点出现故障时,系统可自动或通过应急手段避免业务长时间中断,从而提高系统的可用性,保障了业务的连续性要求,减少运维压力。为了提高系统的高可用性,在电子银行系统架构设计中采取了以下的解决方案。

(1)各应用子系统的前端 Web 服务器均采用集群架构,部署在物理机和虚拟机上,通过硬件负载均衡设备实现应用访问的动态分发,且每台服务器均采用统一标准部署实现对等式集群。

(2)为应用提供交付服务的接入层负载均衡设备也采用以功能池、业务池的逻辑划分的集群式高可用架构。

(3)作为各应用统一框架来源的框架库采用了内存数据库及实现静态数据缓存的方式以替代传统的单一公共框架数据库。

(4)对于处理接入主机相关系统的数据访问的网关系统则采用对等式集群架构式部署,通过不同的接入口控制不同的应用访问。一方面使得资源合理化分配,另一方面保障高可用并可动态控制应用接入,避免耦合性。

(5)对于重要应用的动态数据库则采用集群数据库架构。集群式数据库除了提供高可用高性能的数据库服务,还可应对爆发式增长的业务需求。

(6)网络流量大且业务数据处理集中的核心系统采用软硬件连用的负载均衡技术取代双软件负载均衡保证高可用性。硬件负载均衡器提供了多样化的负载均衡策略,智能化的流量管理,在处理突发波动性流量上具有稳定性。同时硬件设备的切换迅速,配置简单,缩短了故障响应时间。

目前是互联网业务高速发展的时期,按照业务需求设计的系统会持续不断地以独立子系统或者关联子系统身份加入电子银行这个庞大的系统群中。从应用角度来说,这种定制接入是便利,但是从资源角度来说,这种情况可能引起"服务器散乱",即物理设备所占用的 CPU 周期、内存、存储等内部系统资源使用浪费。为了利用最大化及实现系统、动态地管理资源,降低运维成本,电子银行通过基于有架构标准的虚拟化来进行服务器整合,提出了一整套云平台建设方案。

作为私有云架构改造的一部分,电子银行系统的前端 Web Server 会实施分布虚拟化(见图 7.3)。对于通常的虚拟化宿主机架构,往往在宿主机层次实现高可用性群集。这种架构可将宿主机操作系统出现的故障,通过虚拟机快速迁移的方式迅速转移,也利于实现虚机负载在节点之间的均衡。由于虚拟化会带来较大的磁盘 I/O 开销,使用 SAN 存储作为虚拟机的载体,少量宿主机构成一个小集群连接一台存储,可以同时确保存储的性能和可扩展性。同时每台机器皆连通业务流和管理流便于统一管理,这样原本众多未被充分利用的服务器,可以被转换成一个无缝虚拟机池。统一应用系统的集群分布式部署在多个虚拟池中,以降低存储故障影响系统的风险性。

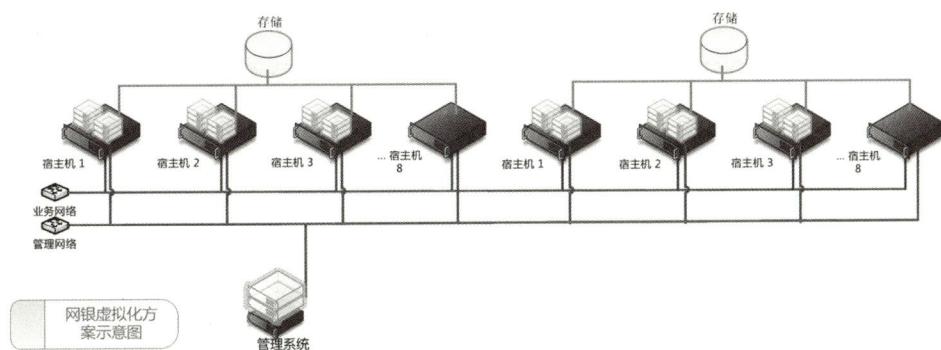

图 7.3　服务器虚拟化架构

通过服务器虚拟化环境,可以将多种计算资源需求互补的服务集中部署在同一台物理机上的多台虚拟机中,从而提高计算资源的效率。这台物理机上的每个虚拟机都是在独立执行环境中运行的虚拟化计算机系统,从而确保服务器虚拟化过程不打破应用逻辑的安全隔离边界。因此,物理服务器的整体数量的减少,会降低能源开销和托管空间,减少成本。虚拟化技术是私有云的核心技术。建立金融私有云是电子网银的近期目标。只有配合相应的管理和监控工具,才能向应用用户提供云服务。这些管理、监控运维工具将在后文中详述。

7.3　电子银行运维管理体系

电子银行系统庞大、多样,其业务关联复杂,内部系统容易受外部系统健康性的影响,也易受内部其他系统的影响,该特性给系统运维带来极大的压力。因此,需要运用运维管理科学,完善电子银行系统的运维管理体系,改进电子银行系统的运维方式。结合相关管理理论,电子银行开发和整合了现有的平台和运维工具,构建了如图7.4所示的管理架构体系。此运维实例以运维管理规范为标准,以架构规范为指导进行运维。整个流程管理以 ITIL 的服务标准为核心。在具体的运维工作中,建立了服务台管理变更和事件处理,完善了投产规范和问题处理流程,缩短流程时间,提高工作效率。利用整合的自动化工具进行全面监控,对监控指标进行周期性统计展示。将风险管理和应急风险管理模型中的元素具体化,转化成日常运维操作的各个环节。以这个体系维持高水平的运维服务,并且通过团队管理和多部门的沟通合作,不断提高和优化运维水准。

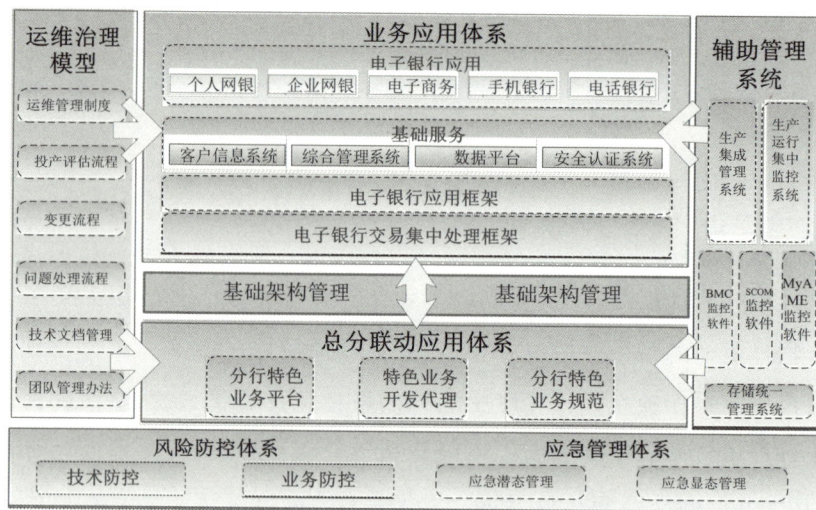

图 7.4　电子银行运维管理架构

为了更有效地运维电子银行系统,还需要在运维体系上实现系统化管理,主要表现在:监控全面化、任务流程化、运维主动化、过程自动化、团队管理科学化。

7.3.1　监控全面化

电子银行运维的日常工作之一就是实时监控和定时检查系统运行状态,及时发现和规避可能存在的生产风险,保障系统安全运行。生产集中管理平台有效集成了生产运维工作中所涉及的日常检查、实时监控、报表处理、流程管理等模块。其中监控模块是一套完整的系统监控体系,能够与第三方监控软件相结合,实时采集各系统性能数据,并及时提示运维人员分析处置。应用于电子银行的运维实际,生产集中管理平台能够采集这个异构系统中,包括系统平台、数据库、中间件、负载均衡、网络流量,应用业务性能等各个环节的性能数据,并且基于由 BMC、MyAME、SCOM 等监控软件收集的监控信息,进行条件筛选和合并,并通过短信转发给指定人员,其中能通过生产集中管理平台实现的相关监控功能有四个方面。

(1)扩展分布式应用程序的端到端监控,已应用于 Windows、UNIX 以及 Linux 平台下的所有负载设备。

(2)电子化的报警处理、复核。报警转化问题,问题处理进入案例库用于后续分析。

(3)对第三方监控软件,如 BMC、MyAME、SCOM 等采集的监控信息进行分析处理,制订相应的筛选规则,并通过邮件,短信等方式通知相关人员。

通过此监控体系,实现了监控信息的实时采集和展示以及问题的协助诊断。目前可借助软件实现的模块部分有:为服务器、客户端操作系统、应用程序、网络流量和网络设备以及报表信息提供各种性能的监控报表,并且可按照性能、可用性和其他指标生产详细报表。利用这些报表可对历史故障进行详细的分析。

(4)对 .Net 和 J2EE 应用程序性能的监控与诊断。产生每个应用程序运行状态和拓扑结构的端到端视图。产生基于物理环境、虚拟环境和云环境的各种业务的应用运行环境的综合视图。

电子银行系统采用了 IBM、HDS、EMC 和 HP 等存储,需要存储的统一管理工具,管理异构、大规模、高可用和虚拟化的存储。目前电子银行系统已经实现了存储的统一管理,可以提供配置、故障、性能、容量、连接数据的采集和分析等管理功能,同时结合 SAN 光纤交换机的光纤链路连接信息,自动发现 SAN 网络以及 SAN 网络中的服务器,从而构建完整的从磁盘阵列到服务器的容量分布模型,并基于此模型进行容量利用率、性能热点以及故障影响面的分析,提供完整的故障、配置、容量、性能和连接类的报表。

开放平台对电子银行系统进行了全面的监控,并对监控进行了集中管理,如图 7.5 所示。监控集中管理需要制订统一的监控报警接入标准,并有效整合目前正在使用的监控工具的所有报警信息,通过集中监控、归并、分析管理、过滤程序等方法,提炼最有价值、最值得关注跟踪的报警信息并及时、有效、快捷地转发相关人员,提高报警信息响应及处置效率。

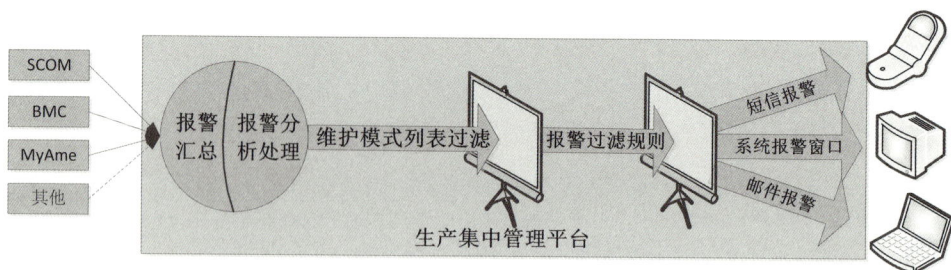

图 7.5　监控集中管理

在任何监控软件发出报警信息时,统一的报警采集器会自动将报警转发到报警分析系统进行报警分析、报警级别定义、报警自动处理等操作,然后再由报警过滤程序按照设定的过滤规则进行过滤,最后把最有价值的报警信息通过各种途径转发给值班人员、系统管理员,甚至管理层。

7.3.2　任务流程化

由于电子银行系统的复杂性,我们需要集中管理与分布式管理相结合,并横跨两地三中心联合进行管理。既要统一规划、集中管理公共环境,又要因地制宜地根据各子系统的特性,部署情况分布式管理。联合各方人员,收集各类信息资料进行问题分析,做到系统运维促进应用优化,又通过应用优化进一步保障系统稳定。由于业务发展需要,持续存在新系统需要加入电子银行整体架构中投付使用。

目前,项目投产实施统一化管理,一个新项目开发并完成测试后,经过层层审批予于投产,新项目投产流程如图 7.6 所示。系统部门在收到需求部门的投产立项需求后,将分析任务可行性并从运维角度考虑是否存在隐患,期间由资深系统管理员对各投产任务的项目架构进行技术评估,规避项目设计中存在的架构问题。架构建议一般在评估应用需求和运维安全要求之后,遵循本书第 2 章中提供的方法和规范,客观给出。其后,通过周期性容量资源评估及技术分配后,由系统管理员根据需求及实施规范进行系统环境部署,并进行相应的合规性、健康性检查,确保系统的高可用性。项目投产后,相应的配置管理工作也同步在内部管理服务台上进行及时准确的输入和复核。

系统相关的常规变更和事件处理是电子银行运维的一项重要内容。实现变更和事件的流程化管理也是电子银行运维中最重要的组成部分之一。

图 7.6　新项目投产流程

变更流程主要遵循 PDCA 模型,从计划、审核、实施、改进四方面加以考虑,如图 7.7 所示。例如,随着业务发展交易量日益增长,现有的重要数据库服务器的性能渐显疲态,需要进行架构优化及扩容,整个升级任务通过流程各环节紧密结合顺利完成。首先,对整个电子银行系统进行架构、基础环境的优化、调整,除了要根据统一标准部署系统、数据库外,还要根据不同数据库的业务特性进行个性化配置以适应不同的业务需求。其次,整个规划、实施过程遵循 PDCA 流程进行,从最初的计划到最后的改进环节环环相扣,流程也是步步推进。特别是在实施前,需组织多方人员进行多次演练,以保证工程最终的顺利实施。计划阶段就是为了确保正确建立变更的范围和详略程度,识别并评估所有的潜在风险,为这些风险制订适当的处理计划,整个计划过程都要被文件化,以备将来追溯和控制更改情况。计划时需要确定风险评估方法,并确定风险等级准则,兼顾效果和效率。经过周全的计划及严密的评估、检查后,实施过程也不容忽视,避免由于操作失误带来的风险。最后,经过了策划、实施、检查之后,必须对在实施阶段所策划的方案进行总结,当然该循环给系统带来明显的运维效率提升,可以考虑是否将方法推广至其他变更流程,这就开始了新一轮的 PDCA 循环。如果总结过程中发现不合理的地方,需要进行纠正,以消除整个管理体系实施、运作和使用过程中不符合的原因,防止再发生。

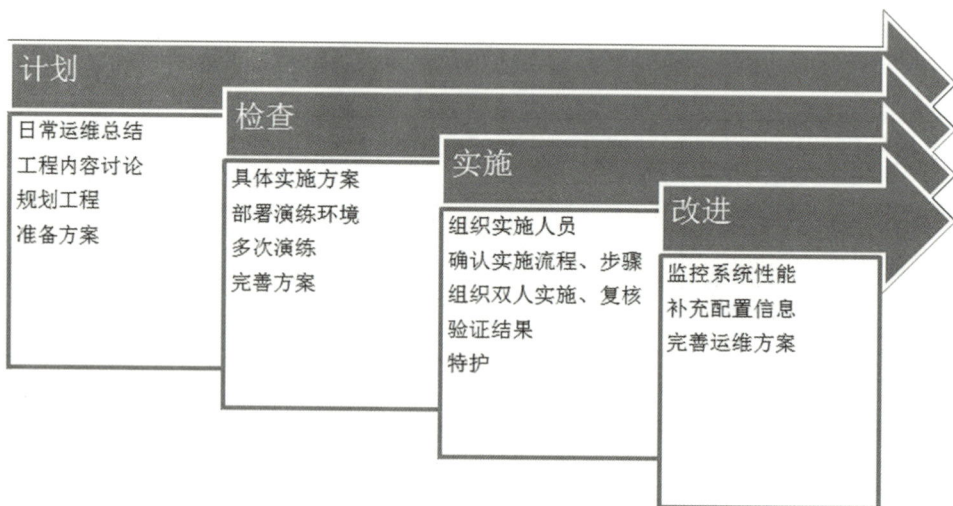

计划
日常运维总结
工程内容讨论
规划工程
准备方案

检查
具体实施方案
部署演练环境
多次演练
完善方案

实施
组织实施人员
确认实施流程、步骤
组织双人实施、复核
验证结果
特护

改进
监控系统性能
补充配置信息
完善运维方案

图 7.7　电子银行系统变更流程

（1）计划。不管是根据需求配合实施的变更，还是为了优化系统主动发起的变更，均需要提前准备实施方案，实施方案需包括实施时间计划、实施操作细节、条件、应急回退方案等。

（2）检查。需对实施环境进行检查确认，条件允许的话可部署演练环境对实施方案进行技术验证，并针对演练过程中发现的问题完善实施方案，减少实施风险。

（3）实施。实施过程中需要严格按照实施方案进行操作，需要做到双人实施、复核以减少操作风险，实施完成后需要协调关系方进行验证确保变更成功率，对于重大变更安排在变更后进行特护。

（4）改进。变更后需要进行总结分析，必要时进行系统性能分析，并对变更后的配置信息进行更新及完善相关技术运维方案，为同类型变更补充参考信息。

而对于变更流程，结合运维实际经验以及变更的重要程度和风险程度的不同，变更又分为中、低风险变更、高风险变更以及紧急变更，相应的流程如图 7.8 至图 7.10 所示。

根据变更风险评估结果，如果是低、中风险变更，变更申请人申请后由变更负责人受理并审核确认、分发，再由需求审批部门审批，审批通过以后确认相关资源的可行性及日程安排，并由变更负责人安排实施，如图 7.8 所示。

根据变更风险评估结果，如果是高风险，则进入图 7.9 的流程。变更负责人拟定签报，附上变更实施方案、任务一览表、应急方案等，并由本地领导审批通过方可实施，如图 7.9 所示。

变更负责人评估变更的紧急性和所需资源，如果不是紧急变更，则进入正常变更流程，根据风险评估结果，选择流程如图 7.8 和图 7.9 所示；如果是紧急变更则启动图 7.10 的紧急变更流程：变更负责人组建紧急变更执行小组，制订紧急变更方案，变更负责人在获得相应的审批或授权后按照变更方案实施变更操作。

对于运维中遇到的问题，电子银行组采用相关的问题处理流程，如图 7.11 所示。对于服务台事件转单的问题、由报警转化成的问题、日常运维中发现的问题及分行反映的问题等，电子银行系统管理员均会进行跟踪并记录在案，根据处

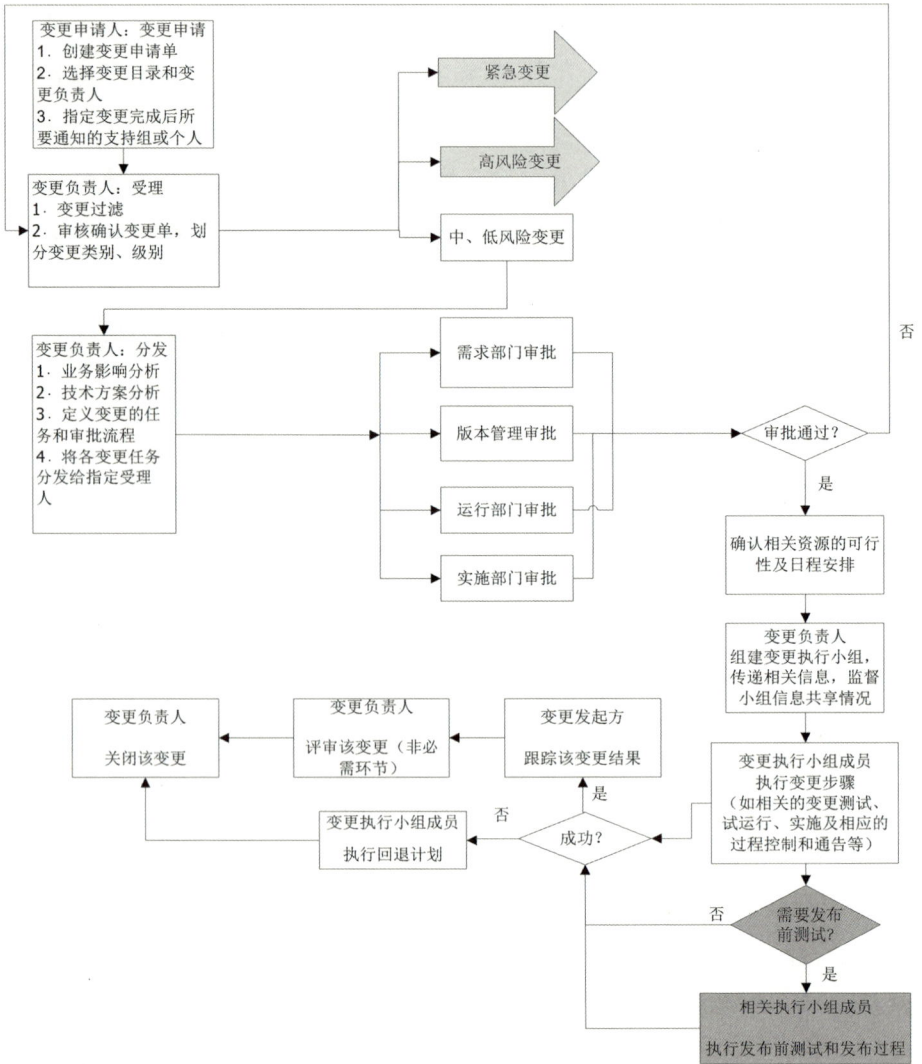

图 7.8 低、中风险变更流程

理的进度、结果及时更新内容，每周由组长负责整理本周处理、跟踪的问题情况统一汇报给生产运维组。其中汇报材料包含问题发生日期、问题负责人、故障系统、故障类型、故障点、故障描述、原因分析、处理过程、跟踪情况、当前状态等信息。

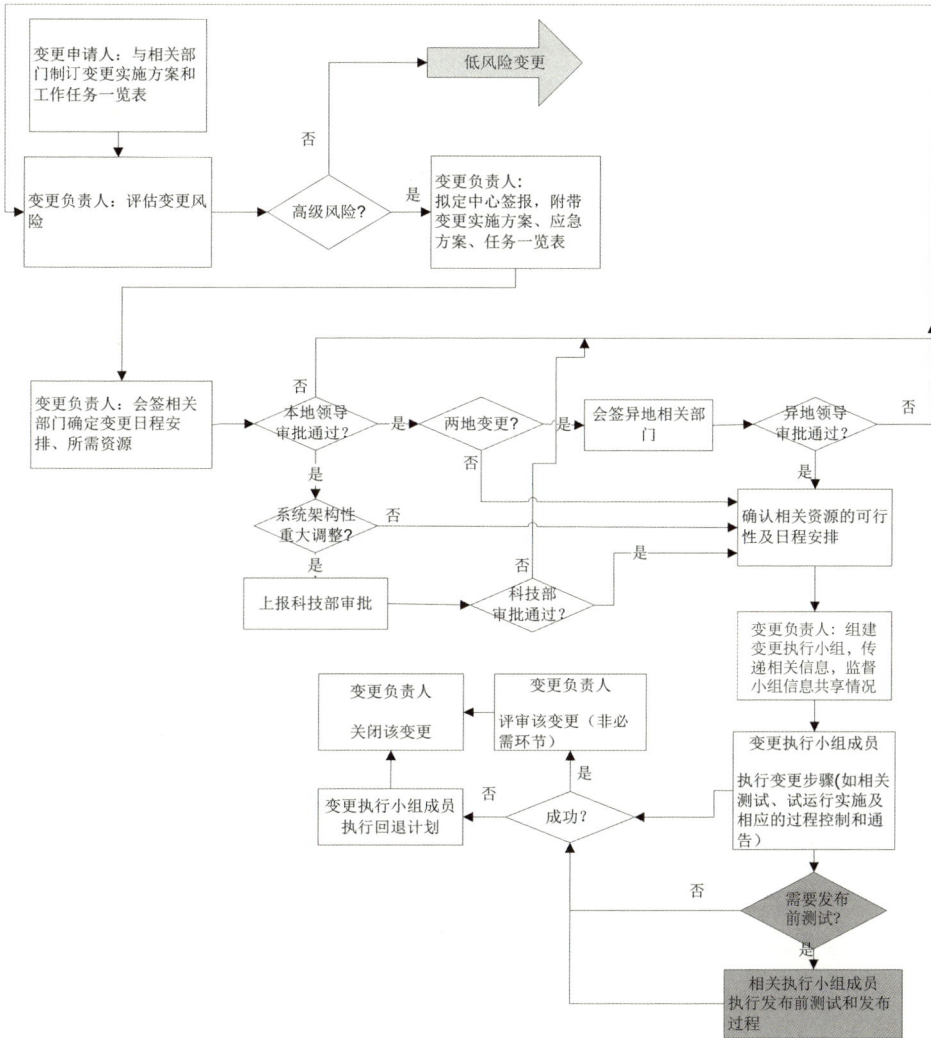

图 7.9 　高风险变更流程

　　在每周生产例会上各经理及时汇报本周生产运维中存在的问题和事件。对于无法自行解决的问题及时反馈,该问题将由基础技术研究组协助共同解决;对于待应用优化解决的问题由生产运维组统一对外沟通;对于分行求助的问题统一纳入技术组及信管部开放平台处进行支持。所有解决的问题都会通过管理软件录入问题管理库或在文档服务器上保留记录。

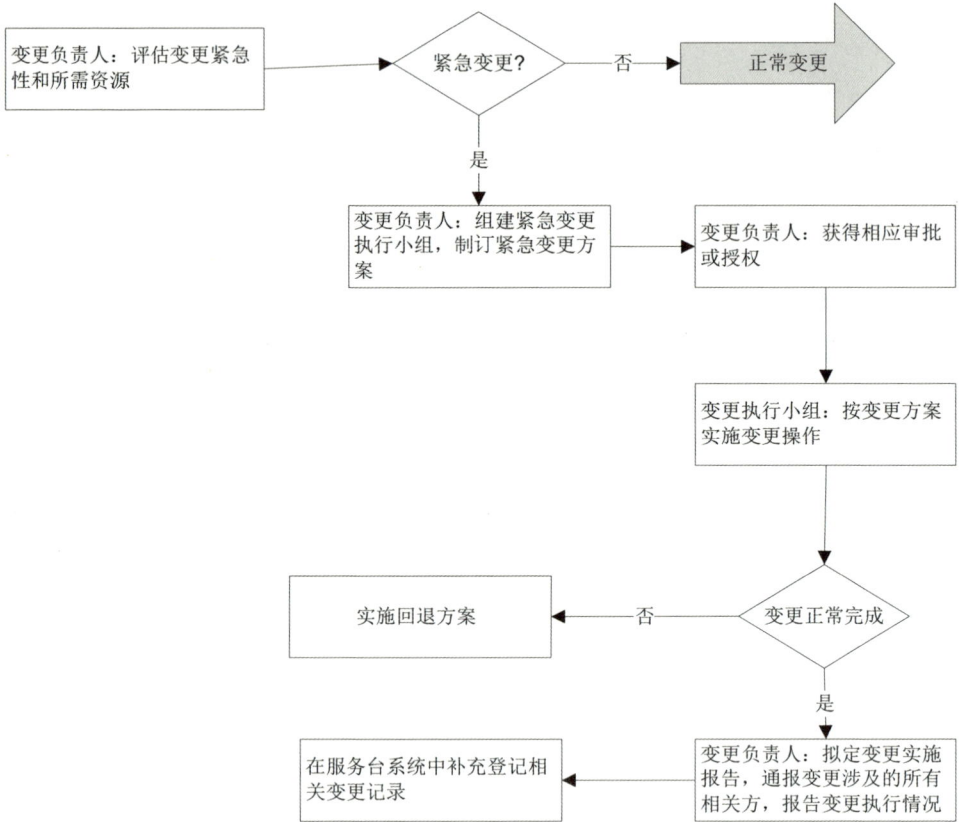

图 7.10 紧急变更流程

7.3.3 运维主动化

（1）日常运维主动化。日常运维内容主要由三部分组成：报警管理、日常检查、深度健康检查。每日均安排系统管理员负责对本组的报警进行复核。管理员需对报警重要度进行判断。对于不能直接处理的报警升级成为问题，交给该系统负责人进行处理及跟踪；对低重要度报警进行过滤；整个报警处理过程通过生产集中管理平台（OpenIMIS）进行管理。报警处理情况会被汇总给运维组进行归档，并在周例会上公布结果以督促处理效率，对于存在疑义的报警进行讨论确认。由 B 角的系统管理员及驻场工程师对所负责的系统日常检查结果进行

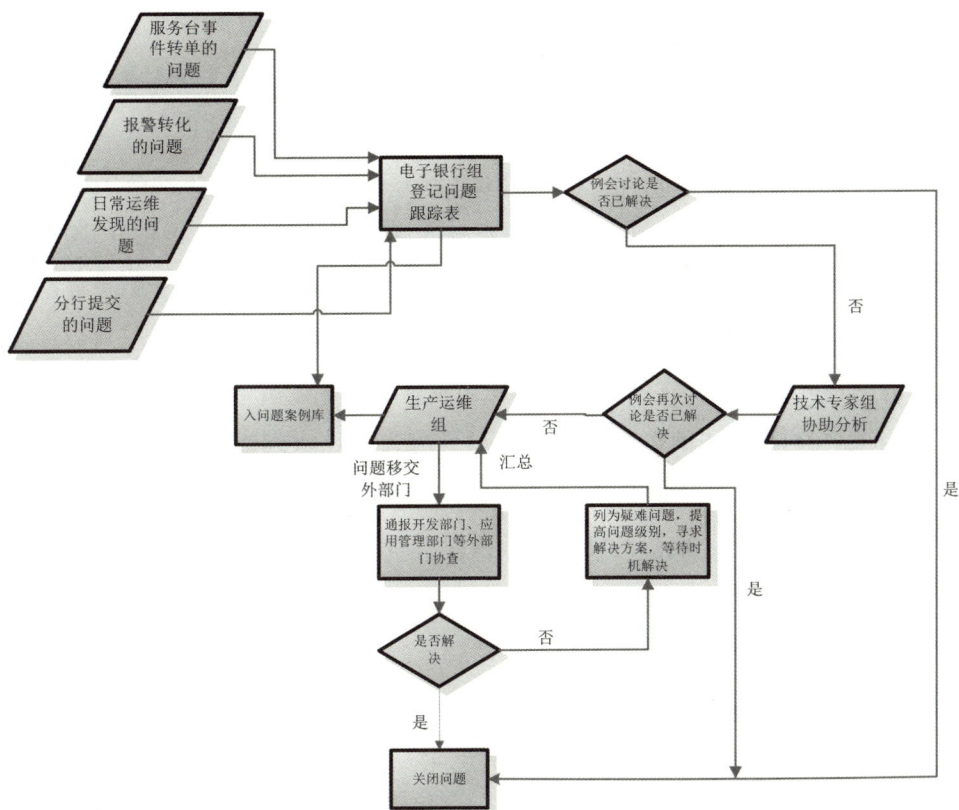

图 7.11　电子银行系统问题处理流程

分析处理。对于异常项进行逐一确认、解决，处理方法由 A 角系统管理员（资深员工）确认后进行变更处理；对于未能即时处理或无须处理的异常项进行备注处理，并制订实施计划择机变更解决。每天 OpenIMIS 会自动生成日常检查结果，由系统管理员对检查结果进行处理，最后生产运维组会生成检查报告进行归档。深度健康检查主要是在可能的交易高峰前，系统管理员均会配合对相关的系统进行深度的健康检查，通过检查评估系统是否存在隐患，对于存在的系统问题准备解决方案，并在关键时日前通过变更进行解决。其中健康检查均是以技术专业为单位进行，需覆盖所有关联的系统。

（2）数据库运维示例。作为电子银行系统的关键节点，数据库的稳定运行起着至关重要的作用。对于数据库的维护,除了日常常规维护外必须做到主动式的精细化维护。首先,需要对数据库进行周期性维护,一些对数据库性能有利的维护工作需要根据各个数据库的情况制订个性化周期性维护计划。例如,索引统计值更新、索引重组操作、空间回收操作。其次,还需要对主动收集到的数据库各类性能信息进行分析,周期性对数据库进行数据库一致性检查,以确保及早发现数据库存在的隐患,进行优化,做到防患于未然。再者,为了提高数据库的高可用性,还需要周期性进行数据库备份、镜像备份,确保数据库出现灾难性异常情况时可以迅速恢复。由于主动式数据库的日常工作量较大,为了保质保量,还需要利用运维工具实现自动化运维,以提高运维效率,如电子银行使用的数据库监控统计软件。在突发的数据库问题当中,使用这类软件可对应用上的SQL 语句按照执行时间长度、执行频率高低,网络流量大小、使用频率最多的存储过程等进行专业的分类统计。这些信息为具体问题的诊断提供很多线索,对快速定位起到了很大的帮助。

(3) 性能趋势分析。日常采集的信息会暴露很多小问题,只要及时地解决也可以规避一些重大的风险。长久的数据采集可以得到系统和性能的趋势走向。经过严谨的分析判断,可以对运维进行有意义的反馈,与项目上线前的容量管理和架构管理类似,如图 7.12 所示。

图 7.12　趋势分析引起的反馈

从趋势来看,系统使用的存储资源呈现非连续性的变换趋势。存储资源是容量管理的一部分。容量管理致力于根据当前和未来的业务需求,在恰当的时间(在需要的时候)以恰当的成本协调地提供所需的资源。因此,容量管理不仅要预测可能的业务发展,同时也要预测技术的发展情况。结合历史交易量、性能数据做好趋势分析,做好性能管理、应用选型、负载管理、容量规划。这是一个不断优化的正反馈过程。

相对于从多环节搜集信息给出趋势信息的软件,专业性的管理工具在具体问题的解决上更加快速专业。和运维视图一样,这些分类统计信息和集成监控系统上的问题处理库都是银行开放平台系统模型中决策集的一部分组成单元,对问题的正确处理有重要的意义。

7.3.4　过程自动化

集成各自动化运维工具,电子银行实施统一的中央控制台管理,监控多平台异构系统。可以深入了解在服务器和虚拟机中运行的应用内部状况,有助于问题的解决。这种集成性的软件可周期性地提供全面和个性化的资料。由于自动化功能的集成,这些操作已经无须重复性人工劳作,显著地节省了时间,也降低了人工操作的风险,让人力资源价值可充分地在产生商业价值的工作中得以体现。

使用工具内部的集成包含有的操作指令集,可以集成现有各种管理工具集,实现监控、预配置和服务管理。同时自行开发扩展了操作指令集和脚本,从而实现了针对具体业务需求的自动化流程,如软件分发、补丁管理、操作系统部署、配置文件迁移。

使用现有的内置工作流对象,构建出各种复杂的运行手册。在智能规则的基础上,对工作流的操作与否进行判断,促使流程直接或者间接被调用。同时,通过定期的双向的信息交流,触发运行手册的自动批量调用。当电子银行前端服务器虚拟化的规模进一步扩大,配合私有云的搭建,针对云管理,集成监控系统还将提供四个方面功能。

(1)具备的异步支持技术可提供灵活、成本低廉的基础架构。

（2）向应用部署和最终用户提供可访问的服务目录。面向类私有云基础架构的自助服务式请求，可以根据不同的可用性等级为基础架构资源指定 SLA。

（3）提供合规化和标准化的 CMDB。可以独立地提供自动化工作流，完成问题管理、事件管理及 SLA 管理。

（4）可提供面向 Windows Server 和客户端的一体化数据保护措施。对于虚拟机的数据保护分为两个级别，其中宿主机级别目标是保护 VHD 文件虚拟配置等一整套虚机内容，虚拟实例级别保护的是运行在虚机内部的具体应用程序。

预计在金融私用云建设完成后，可以基于现有的运维工具，在电子银行中实现一个完整的应用程序管理，对服务提供和基础设施管理的过程进行运维控制。这个过程控制的内容有三个方面。

（1）提供高效灵活的 IT 基础架构，即对异构的支持、流程自动化和对自服务基础架构的实现。

（2）提供高可用的 IT 服务水平。这包括全方位、深入地应用监控和问题诊断，用标准化方式提供应用服务，从而简化应用管理。

（3）统一的虚拟环境管理，如权限管理等。

综上所述，自动化工具的设计、实现、完善、优化和充分使用，显著提高了电子银行运维的效率和质量。从由工具生成的日报、周报和季报中发现问题、解决问题的运维模式，有力地支持了"主动运维"的理念。运维工具中的报警系统可以看作是应急风险管理模型中的预警预测的传递系统。运维视图和问题解决库的存在可以协助应急场合下的快速定位和快速处置。最终，自动化工具的应用可以实现一种高质量的运维服务，降低运维成本，提高电子银行系统的商业价值。

7.3.5 团队管理科学化

运维组织总体按照专业进行水平层面划分并进行管理，如图 7.13 所示，包括设备、网络、系统、应用、运行等。而在各个专业部门内部，则是以专业及技术水平来进行垂直层面的分工,比如值班一线处理现场基础问题,二线跟踪并处理复杂问题,经理处理全局问题及疑难问题,从而对不同层次提出了不同的技术要求,运维组织架构在水平与垂直两个层面上找到一个平衡点建立了合适的管理模式。

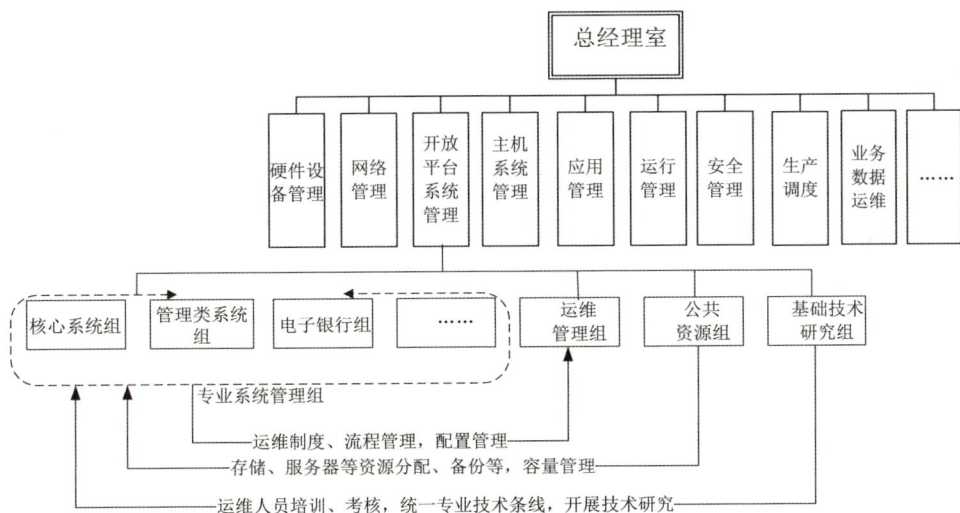

图 7.13　开放平台运维组织结构

在开放系统专业运维组织架构中,结合职能和专业技术条线设置基础技术研究组、生产运维组、公共资源组及系统管理专业组等。系统管理专业组包含核心系统管理组、管理类系统组、电子银行组等。基础技术研究组关注和研究本行业相关的新技术、新方法,由运维经验丰富、在专业领域内表现突出的人员组成,为系统管理专业组提供基础架构、基础软件版本等方面的规划与建议,统领各技术条线并形成统一规范,负责管理和协调服务资源,制订运维人员培训计划,负责团队管理。生产运维组负责运维管理,制订相关的运维管理制度、规范和流程,协调各专业组工作,是系统专业部门对外联系的统一窗口,督促系统管理专业组落实配置管理。公共资源组则负责规划、协调公共资源,包括小型机资源、PC 服务器、负载均衡设备、存储和带库等,统一监测开放平台资源使用情况并督促系统管理专业组落实容量管理。电子银行系统组负责电子银行系统的运维工作,实行经理责任制,与开发部门对应,减少交叉工作的反复性和重叠性,针对各个系统展开精细化管理,并对系统的基础架构和运行情况进行掌握和分析,并在投产阶段参与系统架构评审。

在内部的运维组织结构下,系统的运维管理趋向于对口化、规范化和精细化,更有利于系统运维工作的开展,同时成立小型机、PC 服务器、中间件、数据库、存储等专业技术条线,促进各组技术和规范的统一,形成网状的运维结构,减少运维盲点,有效聚合运维人员和工具,全面、专业地开展系统运维工作。

针对人员运维技能的提高,开放平台建立了一个有效的运维团队培训机制。为满足业务需求,电子银行系统变更、升级改造比较频繁,运维人员的知识和技能必须不断更新。由基础技术组协调厂商资源,邀请资深专业技术人员,每三个月为电子银行组(其他组可参加)进行一次技术培训,并在培训结束后进行考核,促进运维人员技术进步和运维技能的提升。组织技术专业不同的组员进行技术交叉考核,提供全面了解和掌握部门技术的机会,加强技术交流。另外也组织适当的技术考核,鼓励员工考取相应的技术类证书,并且适当给予奖励,来激励员工不断学习,提升自身的技术能力。

在人员考核上,电子银行组制订季度绩效考核管理办法,从不同的考核维度对运维人员进行考评,包括业绩展现、工作饱和度、工作强度、工作技能、工作价值、工作素质、工作合规七个方面,并对考评结果进行量化处理,通过客观评价员工的工作绩效,帮助员工全面提升自身工作水平和工作素质。

7.4　应急风险管理和风险防范

近年来,在金融领域信息技术得到广泛的应用,金融产品日益丰富,金融服务日趋多元化。随着金融全球化的加速,电子银行业务急速发展。互联网和信息科技的发展将电子银行从初期的支付渠道,转变成一个商务平台。银行业这个分支的兴起,引起了银行组织架构的变化和网点职能的变化。便捷的网络业务带来大量的网上金融交易和客户。科技发展带来了便利，也带来了电子银行不同于传统银行的重要风险点——技术风险。所以在拥有业务风险的情况下，电子银行承载了双重风险。网络交易迅速、频繁，电子银行的风险点繁多，而影响广泛。这迫使银行机构不得不更重视、更关注电子银行业务所面临的各类风险，特别是在银行业不熟悉的信息科技领域内的风险。这其中，对可用性有影响的突发事件处理极其棘手。一方面电子银行业务中断会导致银行的经济损失，另一方面由于服务对象广泛，网络发达，意外事件很容易被用户发现，处理时间对外也是透明的，社会影响大，也更容易引起监管部门的注意。因此，现在内外安全监管对大型数据中心的安全风险管控要求越来越多、越来越细、越来越高、越来越严。电子银行系统运维采取了制订应急风险管理方案等多重方法来规避和抵御来自外部和内部的各种安全风险，保持了系统的稳定性，业务的可用性和安全型。

7.4.1　电子银行风险分类

电子银行系统的风险不同于传统银行业，种类繁多，其影响和严重程度各不相同。基于不同的分类方法电子银行承担不同的风险，当前讨论较多的分类有两类。

（1）技术风险和业务风险。技术风险包括技术漏洞风险、系统设计风险和恶意攻击风险等。技术漏洞风险主要是由于选择的信息技术还不够成熟、完善，存在一些安全隐患，从而会极大地影响计算机系统运行的稳定性。系统设计风险是指在系统设计时，所选用的软件或硬件不匹配，存在缺陷或冲突，从而导致系统在运行过程中出现中断。恶意攻击风险是系统受到外部的恶意攻击。以上三点是电子银行运维中最可能碰到的技术风险。

电子银行的业务风险主要包括客户操作风险和内部控制风险。客户操作风险来源于误操作、安全意识缺乏，以及犯罪分子用科技手段骗取客户信息引起的经济损失。内部控制风险是指由于工作流程制度等的不完善，导致银行内部人员违规操作或伺机作案，给电子银行安全运行造成风险。

（2）操作风险、法律风险和声誉风险。电子银行按照其业务特色主要承担三种风险，操作风险、法律风险和声誉风险。电子银行操作风险源于系统的可靠性或完整性严重不足引发的潜在损失，其中包括物理安全、数据信息安全、应用系统安全等。物理安全指有形设施的安全，如计算机设备、网络设施密钥等的安全防卫措施。银行在物理位置较远的地点设置后备机房、后备服务器，关键设备和通信线路采用冗余配置、不间断稳压电源、电子门户控制系统等都是为了防范物理安全隐患。这和电子银行的初期设计密切相关，也可以说是技术风险。

电子银行法律风险主要体现在：由于业务制度不完善和模糊引起的商业纠纷，或者跨境服务涉及不同司法区域的司法管辖权问题，以及洗钱犯罪等。洗钱犯罪网络可能利用网上银行的快速和不易跟踪的特点，进行大规模洗钱活动，给监管部门带来挑战。

相对前两者来说，声誉风险是一种连带风险，是指强大的负面公众舆论导致银行资金或客户严重流失所造成的当前影响与预期影响。

7.4.2　电子银行应急风险管理实践

按照巴塞尔协议中对电子银行风险管理内容的补充，电子银行系统对于业务连续性和服务可用性必须做出一定的承诺。电子银行需要制订适当的突发事件应对计划，以管理、控制、尽量减少意外事件造成的各种难题。综合来看，电子银行最有可能出现技术风险，且易于被客户发现。如果突发事件不能及时有效地处理则会带来法律和声誉风险。监管部门尤其重视业务的连续性，对系统的高可用性有非常严格的考核标准，直接与银行年度考核和业务发展审批挂钩。从银行业本身来看，紧急事件的发生概率、影响面、解决率和解决速度则是一个银行科技实力的体现。在这样的环境下，应急风险管理措施是运维管理环节中的一个重要部分。因此，本节就风险控制环节，结合上文提出的银行开放平台系统应急风险管理模型，介绍电子银行针对应急情况的发生采取的多种措施。

在电子银行应急事件管理中，包含突发事件或异常事件。异常事件又分为系统访问异常事件和应用访问异常事件。两类异常事件的处理流程如图 7.14

和图 7.15 所示。

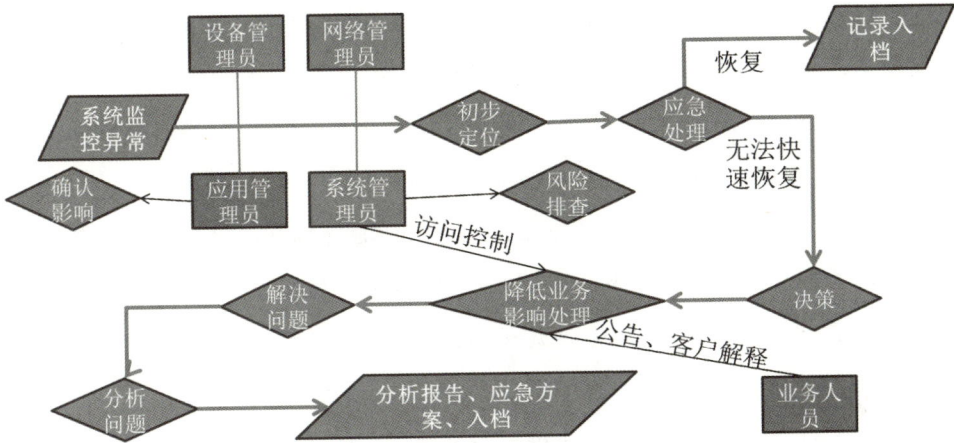

图 7.14　系统访问异常事件处理流程

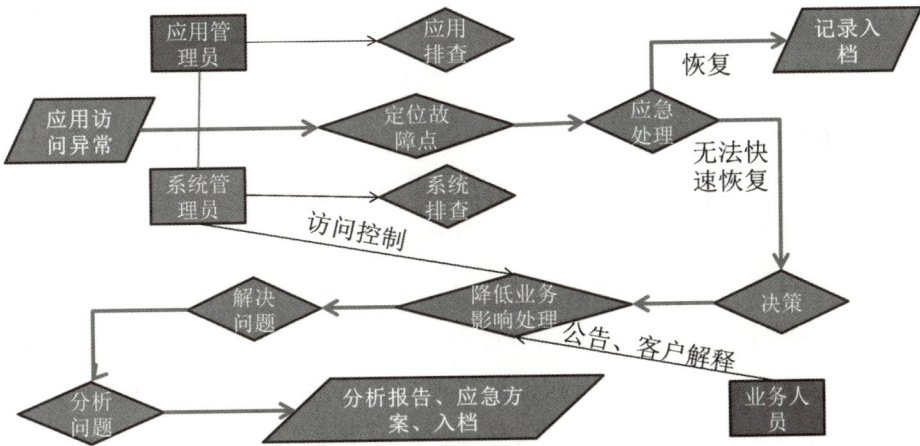

图 7.15　应用访问异常事件处理

按照银行开放平台系统的管理理论,事件发生时,系统和应用人员进行信息共享,快速上报,协调调度和联动核查是"快速响应"的体现。"快速定位"即图7.14中的"初步定位"。在这一步,系统管理员、开发人员和对应的管理层,根据运维视图和经验初步确定事件发生的现象、原因和带来的风险。之后,对风险已知且解决方案有先例的事件,系统管理员和管理层可按照应急风险管理手册进行"快速处理"。对风险未知的事件,则通过强化第三方专家支持及行内外总分行间应急联动机制进行风险评估,拟定解决方案,尽可能快速地进行业务恢复,降低事件影响。在问题事件关闭后,再撰写分析报告,积累应急潜态管理中的应急材料,处理案例,以便不断提升风险应急的处置能力。

应急处理部分中的潜态管理体现在日常的应急演练和应急手册的撰写。为了确保在事件发生时能有条不紊地高效处理,电子银行系统每两个月,按照不同的设定场景,根据预先准备的应急方案,利用例行停机维护窗口,组织相应人员进行应急演练。这一方面可以检验应急方案的可行性,另一方面可以提高大家对应急操作的熟练程度,并根据演练过程中发现的问题对应急方案进行完善。每次演练时,均根据应急预案进行组织,系统管理员根据操作手册内容进行操作。

电子银行按照技术分类和应用系统两条路线各自拟定了应急手册。技术分类是按照操作系统、数据库、中间件、负载均衡、虚拟机存储和备份,对日常运维场景中出现的,软件内在机制和配置管理方面的问题进行归纳并总结应对方法。应用系统应急风险管理手册是内嵌在运维视图中的一部分,和应用的操作紧密相关,可以辅助解释很多由于引用变更导致的系统性能问题的解决。这些技术材料和问题处理库是应急风险管理中"快速定位"的关键内容。在重要时点,如年终、交易高峰日、重大变更后、特保期间,技术骨干均会在生产区现场进行特护,以保障电子银行系统稳定运行,可以在出现异常情况时第一时间进行处理。特护期间,系统管理员除了对相关系统进行监控并做好应急处理准备外,在交易高峰期还会收集相关信息(如数据库性能情况、系统各节点的繁忙程度等)进行分析,以了解系统的运行特性及规律,为容量分析提供参考数据。

7.4.3　电子银行风险管理实践

电子银行系统运维的风险控制措施和开放平台的风险控制是一致的。风险控制是基于"以防为主、防治结合"和"以我为主、辅以外力"的工作思想,采用被动防御和主动防御相结合的方式开展的。

结合电子银行的自身特点,风险防控具体操作如下。

1)风险评估

银行通过第三方对电子银行系统进行安全评估的方式及专业防攻击工具,周期性对电子银行系统的运维提醒进行考察,以针对性地消除薄弱环节,并周期性优化、强化方案,对体系进行加固。

2)安全制度指定和学习

基于银监会发布的《电子银行安全评估指引》《电子银行业务管理办法》及各银行开放平台各项技术管理规范,通过安全策略、管理制度、人员安全管理、系统建设管理、系统运维管理的安全管理规范的建设,巩固电子银行系统的安全。

3)内控风险管理

为降低内控风险,在对电子银行系统进行日常运维的过程中,我们采取了如下的措施。

(1)使用 ITSM 平台对各项变更、事件处理流程进行严格把控。

(2)通过自主开发 OpenIMIS 平台实现授权流程、授权登记和授权报表的生成,对超级用户实行集中管理和统一授权。

(3)所有用户必须通过用户行为安全审计平台或者堡垒机登录系统进行维护。

(4)变更操作遵循变更实施和复核双人在岗的要求,做到对于各种变更、事件处理流程都有记录和监督。

(5)对于投产组织结构、流程,建立有效的控制程序。

(6)安全管理员定期对各用户的登录及操作信息进行审核,且由内控部门对系统日志进行监控,配合内控部门进行信息系统操作的定期申请。

4)访问控制和密码管理

访问控制和密码管理是监管部门尤为重视的部分,为了实现风险最小化,电子银行系统采取了以下措施。

（1）实现操作系统和数据库管理员的权限分离，对数据库的访问权限进行控制。对应用系统用户访问数据库应采取最小权限原则，使其不得使用 SA 和 DBA 用户。对系统用户的权限进行分级管理，根据维护内容坚持按最小授权原则设置，不同的角色进行系统账户的建立，仅赋予其完成所需操作的必需最小权限。

（2）对于 AIX 系统，通过关闭图形登录服务、禁用 FTP、IP 限制等措施实现访问控制，通过设置 root 的 Umask 来限制新文件权限，实现用户账号控制，对于密码配置要求历史密码记忆个数，对系统上包含明文密码的脚本进行加密处理。

（3）对于 Windows 平台，系统账号安全控制原则依据统一的命名规范对系统账户进行命名，强制账户的密码历史个数，系统账户锁定阈值，限制默认用户的使用并对 Administrator 用户进行重命名，限制普通系统账户远程注册表访问权限，设置 Windows 账户登录完成任务后强制自动注销会话的配置，启用关机前清除虚拟内存页面配置，关闭系统默认共享，如 C $、D $、ADMIN $ 等。

（4）对于数据库管理，设置数据库用户最小密码长度，并限制密码过期时间，对包含用户信息的脚本实现加密避免明文出现用户信息。

5）技术防控

除了规范以及人为的安全防控，还需要通过技术手段对系统的各个节点布控以杜绝电子银行系统中各种可能的安全风险。主要体现在以下两点。

（1）病毒控制和补丁更新。随着各种利用安全漏洞的病毒和恶意程序的增多，软件维护和补丁更新工作也显得极其重要。对于软件补丁的安装管理包括补丁的测试、补丁的发放和安装、版本控制。电子银行补丁介质的管理由开放平台的专人负责。

另外，随着计算机病毒的日益泛滥，防止电子银行生产设备、办公设备受到病毒侵害已经成为电子银行管理中不可缺少的工作内容。防病毒管理流程主要包括以下几个方面。

防病毒软件的管理。这里主要包括软件的安装、软件的设置、病毒库更新、软件版本控制、定期查杀病毒等,包括电子银行系统在内的开放平台系统都由专人来管理。

病毒资讯。开放平台设置专人岗位随时了解病毒最新信息、可能爆发的病毒类型、染毒后现象及对信息系统的影响、查杀方法等,并通过定期通告和随时通报提醒电子银行和开放平台相关人员查防。

(2)网络安全管理。在访问入口处电子银行利用业务流量的智能分析工具分析业务量的增长趋势,预防异常的突发访问量对系统带来的不可承受压力而影响整个系统的稳定运行问题。这样,对于具有交易行为不可控特色的电子银行系统来说,既有助于后续的容量规划,又降低了系统恶意攻击引起的异常访问流量过大的风险。电子银行采用专用的应用防攻击工具应对分布式拒绝服务(Distributed Denial of Service,DDoS)网络攻击,除了常规的四层防攻击手段,还需具备防御七层 DDoS 攻击的能力以抵御技术日益精湛的黑客。

6) 架构完善和系统自身安全体系建设

电子银行的架构是由应用开发人员的测试和系统运维人员的联合评估所决定的。系统设计中由于业务扩展迅速,出现了瓶颈和运维风险,必须不断地调整优化。具体的架构调整已经在前文的银行架构特点中有详叙。基础架构的合理设计是降低技术风险的最有效保证。架构的建设始终是为了保障业务的可用性、可扩展性和安全性,但也要考虑性价比。

电子银行业务的快速兴起决定了银行安全体系的建设中必须确立安全、稳固的身份认证机制,通过建立有效的 PKI/CA 认证系统,确保各种人员、资源的身份,防止网络欺诈和交易抵赖,等等。由于电子银行直接面向客户,且依托于互联网,所以对安全性的要求较高。在安全技术方面,通过完善的安全体系(包括 CA 系统、证书认证系统、动态口令卡系统、签名验签系统)保障客户端安全,并采用符合人民银行安全规范标准的专用安全设备构成安全体系,系统架构的网络安全层层递进以保障网络通信安全,在电子银行系统的服务器上均配置了通过了各监管机构渗透性测试的安全配置。

电子银行系统的安全系统包含了几个大的部分:银行操作员证书管理系统

（RA）、银行客户管理系统（CIF）、银行业务安全系统。其中，银行客户所使用的银行业务安全系统则采用了信安世纪的 NetCert CA1.05、NetSafe1.8、NetSign1.2 等产品。在电子业务系统逐步发展的过程中，这些安全产品也进行了一系列的改进活动，增添了许多新的特性和新的功能，保证安全认证体系的技术不断更新。

7）数据备份和恢复

按照业务部门交易、查询和审计的要求，电子银行系统会进行定时定期的备份。备份的内容包括操作系统和数据库数据。这些重要数据会在外接存储、物理和虚拟带库上按照既定的备份策略进行保存。

根据应用开发和业务人员的要求以及数据或系统灾难发生的情况下，可以通过网络或者物理介质进行快速的恢复，保证业务连续性和系统的可用性。

通过以上的规章、流程和技术上的管理措施，电子银行的风险控制管理已经对巴塞尔协议所规定的电子银行风险管理的各项内容进行全面的保障。随着管理制度的完善和外部监控内容的扩大及细化，风险控制水平会持续地提高。

7.5 电子银行运维实践小结

电子银行系统建立了基础架构设计指引和技术标准，制订和完善了各类系统软、硬件平台的配置规范；电子银行系统充分利用了虚拟化技术和系统整合，淘汰了老旧设备，完成基础软件版本升级，优化了多层面资源池建设，进一步提升了基础架构的弹性、高可用和可管理能力；通过全面的流程设计，简化了流程步骤，缩短了部门内外的变更流转时间，并且明确了流程职责方，协助业务和维护人员进行有效的工作交流和处理；电子银行采取主动防控方式，有效降低信息系统的运行风险和管理成本，提高了管理层面的危机解决效率；通过资源配置管理平台的建设，加强了业务目标与基础设施建设方向的一致性，提升基础设施资源配置的精细化管理水平；通过自动化运维管理平台的建设，实现基础设施资源的按需配置和动态调整，提高了系统资源交付响应效率。结合以上各项建设，熟悉各项专用软、硬件性能的银行员工专业化运维的电子银行的运维成为大型商业银行开放平台管理的示范窗口,获得很多运维和管理上的丰富经验和突破。

在做到稳定运行的同时,银行也适时关注行业前沿科技动态,不断推动新兴技术在以电子银行为代表的各项系统中的实施,以满足业务快速增长、灵活多变和系统运行安全稳定的要求。

第 8 章

研究总结和展望

8.1 研究总结

本研究回顾了中国银行业信息化工作所取得的巨大成就，着眼于开放平台技术在银行业信息化中的应用，分析了开放平台技术带来的潜在科技风险，指出随着金融改革的深入和互联网金融的兴起，开放平台技术在银行业信息化的过程中必将得到更广泛的应用，发挥更大的作用，构建大型开放平台的运维体系具有重要的现实意义。

本研究首先梳理了当前大型开放平台管理和运维中遇到的挑战，分析了开放平台领域的技术现状和重要趋势，在此基础上明确了开放平台的运维框架，指出大型开放平台系统运维工作呈现出的六个新特点：运维需求多样化、运维对象复杂化、运维模式集中化、运维队伍专业化、运维工作流程化、运维手段系统化。从开放平台基础架构建设的角度，根据业务连续性的要求，提出了基础架构的设计原则，并给出了以制度管理、流程管理、配置管理、容量管理和团队管理等为核心的开放平台治理模型，实现开放平台的全面治理。

全国数据大集中实现了银行业务数据的集中处理、经营的集约化和数据的集中化，同时也带来了风险的集中，本研究根据"预防为主，分级保护，分层负责，持续改进"的信息安全管理方针,对开放系统风险进行了威胁识别和脆弱性识别,并建立了相应的系统安全管理模型 P2DR 模型。在该模型下,安全策略是整个系统安全的依据,本研究制订了多维度的安全策略,并在安全策略的指引下制订了系统风险防范措施。在梳理开放平台系统风险点并用各类技术和管理措施进行防范的同时,还需要借鉴全面的系统评估理论,制订合理的评估方法,定期自查与反馈。

本着安全生产是运维工作第一目标的原则,针对应急风险管理多主体、多因素、多尺度的特征,本研究提出了以"快速响应、快速定位、快速处置"为核心指导思想的应急风险管理新理念。以双驱动、持续改进、综合协调的管理机制为指导思想,以事前应急事件风险评估为基础,建立了完善的综合应急预案,通过应急事件的预测预警模型和安全生产运维视图实现应急风险管理快速响应定位;利用辅助决策和全局资源调度,综合协调人员资源,实现应急恢复等快速处置;引入应急评估方法全面评价应急风险管理绩效。银行开放平台系统应急风险管理能有效地应对突发事件,兼顾成本与成效,提升突发事件应急处置效率,从而全面提升银行生产运维管理水平。

最后介绍了银行开放平台运维团队在电子银行系统运维中的具体实践。电子银行系统庞大复杂,其业务关联度高,同时直接对公众提供服务,关系到银行的品牌形象。面对电子银行系统运维的内外部压力,我们运用运维管理科学实践了开放平台一体化运维的理念,以"主动运维"为核心,坚持全面的监控、标准化的日常运维运作,主动发现问题。在日常运维上遵循 ITIL 的服务标准,采取精细化管理,高效地解决问题。针对突发事件,按照银行开放平台系统应急风险管理体系,及时响应、科学处置。坚持重点问题分析与趋势分析,推进应用优化与架构调整,保证了电子银行系统的可用性与连续性。

8.2　前景展望

信息技术在金融变革过程中的地位举足轻重。互联网的应用普及使银行信息化程度迅速深化,电子银行、电子交易服务、第三方支付服务以及其他通过网络提供的金融产品及服务迅速得到推广扩散,银行金融业务版图被不断重构。随着智能终端的普及,移动互联网浪潮迅速兴起,互联网与金融的联系越来越紧密,开放平台技术在银行业信息化中得到越来越广泛的应用,成为推动银行全方位、个性化服务的重要引擎。

8.2.1　互联网金融

回顾网上银行的发展历史可以发现,开放平台技术引领了互联网金融的发展。始于 20 世纪 90 年代的网络和开放平台技术的飞速发展,一方面推动了个人电脑的普及,另一方面为网上银行的出现及其发展提供了技术基础、安全保障和市场需求条件,降低了商业银行的经营成本。

互联网给金融服务业带来发展机遇的同时,也给银行服务业带来了更加激烈的竞争。开放平台技术的不断进步,网络访问设备的不断丰富,使上网越来越快捷、方便,从而给网上银行提供了生存和不断发展的空间。为了在竞争中谋求生存与发展,各家银行和金融机构纷纷推出了网上银行服务品种。用户对在线实时的网上金融服务需求越来越强烈。银行为客户提供网上银行服务,一方面意味着客户的学习能力不断增强,使得银行推出新的金融服务品种更加容易,另一方面也意味着市场竞争更加激烈。

互联网金融向传统银行支付体系提出了严峻的挑战,极大地推动了金融创新。随着互联网经济的来临,商业银行面临着由于新技术的发展和运用而带来的技术性"脱媒"危机。众多有实力的公司开始向曾经被银行垄断的支付体系进军,以崭新的运营模式挑战传统商业银行支付中介的地位,这其中以阿里巴巴的支付宝、腾讯集团的财付通为代表。

开放平台的技术发展能够满足互联网金融的创新需求。和现有的网络商品交易相比,互联网金融交易的特点是:金额规模巨大,营销所产生的爆发力更强,容错率也更低,这就要求开放平台这个基础设施环节必须做到高效、稳定、安全和灵活扩展。以淘宝网的网上交易为例,在网络信用普遍缺失的情况下,淘宝等非金融支付机构开创了"担保交易"的支付流程,提高了网络交易中商家和消费者的相互信任,促进交易成功实现。交易的迅速增长给淘宝网后台的开放平台带来了巨大的技术挑战,通过动态扩展开放平台资源,运用大数据技术,能够很好地解决大规模并发交易的挑战。

随着 WiFi 和移动通信等技术的发展,互联网和移动通信网络的融合趋势已非常明显,有线电话网络和广播电视网络也将融合进来,实现三网合一。在此基础上,移动支付将与银行卡、网上银行等电子支付方式进一步整合。未来的移动支付将更便捷、更人性化,真正做到随时、随地和以任何方式进行支付。随着身份认证技术和数字签名技术等安全防范软件的发展,移动支付不仅能解决日常生活中的小额支付,也能解决企业间的大额支付。收付款终端从网点拓展到商业聚集区、机场、地铁站和所有安装了 POS 机的商户手里,不仅为商户提供了便利,也大大刺激了银行个人消费信贷的发展。在这种商业趋势中,银行业的支付手段将更加多元化,金融产品更加多样化,开放平台的基础性作用必将更加凸显。

8.2.2　大数据时代

大数据用来描述数据规模巨大、数据类型复杂的数据集。这些数据集的规模已经超出普通的数据库管理工具在可容忍的运行时间内进行数据的捕获、存储和处理的能力。近年来,伴随着物联网、移动互联网、社交网络的快速发展,企业数据增长迅猛,半结构及非结构化的数据呈几何式增长,数据来源的渠道也逐渐增多:网络日志、社交媒体以及遍布各地的传感器网络等。大数据时代已然来临,大数据分析已成为各行业竞争发展的变革点。如何有效整合来自移动终端设备、社交网络、PC、传感器网络等产生的结构化、非结构化的海量数据,并加以分析挖掘潜在的业务价值,已成为大数据时代企业经营发展的趋势和焦点。

中国银行业正在步入大数据时代。当前,数据是重要资产的理念已经在中国银行业形成共识,数据的真正价值在于能够洞察行业内部规律,数据的洞察力成为商业银行的核心竞争力。在中国银行业的信息化建设中,与信息加工密切相关的大数据管理正逐渐成为与核心业务系统建设、渠道建设和前置建设同等重要的领域。

未来几年,中国银行业将面临发展方式转型的挑战,转型主要集中在三大方面。一是中国银行业将建立全面的风险管理体制,向严监管转型;二是从粗放式管理向精细化管理转型,信息化重点也将从业务信息化向管理信息化转变;三是从"以利润为中心"向"以客户为中心"转型。大数据在加强风险管控、精细化管理、服务创新等转型中更具现实意义,是实现向信息化银行转型的重要推动力。

具体而言,首先,大数据能够加强风险的可审性和管理力度。其次,大数据能够支持精细化管理。当前中国银行业利率市场化改革已经起步,利率市场化必然会对银行业提出精细化管理的新要求。再次,大数据支持服务创新,能够更好地实现"以客户为中心"的理念。通过对客户消费行为模式进行分析(比如事件关联性分析),提高客户转化率,从而开发出不同的产品以满足不同客户的市场需求,实现差异化竞争。

目前,许多银行已经制定了大数据战略规划,并在基础设施方面增加投入,搭建了基于开放平台基础设施的大数据计算集群,实现了数据的整合与集中,扩展与伸缩,以及管理与维护,同时具备极大的可靠性、可控性和安全性。目前该集群已经用于银行历史数据查询、影像存储系统和反洗钱项目,并产生了实际的商业效益。

大数据技术最初产生时就是基于开放平台技术,其提出的思路就是使用大量低成本商用计算机组成可扩展分布式计算集群,快速并行地存储和处理海量非结构化的数据,挖掘出其中蕴含的商业价值和客观规律。随着大数据在各商业银行的深入实践,开放平台将全面支撑起金融创新业务的快速发展,发挥更重要的基础性作用。

总之,随着互联网金融和大数据的兴起,开放平台规模必然越来越庞大,运维工作也会面临新的变革。大型开放平台系统运维的高度自动化、集成化正在逐步发展,可以预见,在多种技术的帮助下,未来的开放平台将能够自动化地定位和解决绝大多数问题。同时,大多数的变更处理也将变得更加流程化和自动化。从管理角度来看,管理流程与管理操作也将变得更加统一与规范,从而规避了现阶段对运维人员甚至某些资深专家的过度依赖。最终,运维系统的业务服务也将得到自动化部署,资源管理也将变得更加动态和合理。

参考文献

[1] 白马鹏，郭锐. 电子银行系统的通讯安全问题研究[J]. 微处理机，2005，26(4)：16 – 19.

[2] 包兴. 运作系统能力受损后的应急风险管理研究[D]. 上海：上海交通大学，2009.

[3] 柴文光. 基于数据挖掘的信息系统风险评估体系框架研究[D]. 武汉：武汉大学，2009.

[4] 常润梅，孟利青. 电信企业云计算数据中心容量管理[J]. 辽宁工程技术大学学报，2013，32(8)：1112 – 1117.

[5] 陈国权，孙锐. 个人、团队与组织的跨层级学习转化机制模型与案例研究[J]. 管理工程学报，2013，27(2)：23 – 31.

[6] 陈晶萍. 中国国有商业银行企业制度创新研究[D]. 哈尔滨：哈尔滨工程大学，2003.

[7] 陈康，郑纬民. 云计算：系统实例与研究现状[J]. 软件学报，2009，20(5)：1337 – 1348.

[8] 程建华. 信息安全风险管理评估与控制研究[D]. 长春：吉林大学，2008.

[9] 邓自立. 云计算中的网络拓扑设计和 Hadoop 平台研究[D]. 合肥：中国科学技术大学，2009.

［10］丁鼎,何进.面向一体化桌面云架构的资源调度与管理策略［J］.计算机系统应用,2012,21(4)：31－35.

［11］高国奇.中国银行数据中心建设的研究与实践［D］.北京:清华大学,2004.

［12］桂若柏.信息安全风险评估模型的研究及其应用［D］.重庆:重庆大学,2004.

［13］郭为民.金融科技与未来银行［J］.中国金融,2017(17):23－25.

［14］何煜翔.银行数据中心灾难恢复系统研究与实践［D］.上海:上海交通大学,2007.

［15］胡捷.中国银行信息中心存储区域网络建设应用探讨［D］.北京:北京大学,2007.

［16］黄怡君.银行业的存储虚拟化系统设计与实现［D］.上海:上海交通大学,2012.

［17］贾善敏.IT项目团队管理研究［D］.南宁:广西大学,2006.

［18］江群斌.我国商业银行网络银行安全性研究［D］.天津:天津大学,2012.

［19］李良.中国电子银行风险评估研究［D］.大连:大连理工大学,2010.

［20］李伟.金融科技时代的电子银行［J］.中国金融,2017(1):68－69.

［21］廖洁明.突发事件应急风险管理绩效评估研究［D］.广州:暨南大学,2009.

［22］刘晖.新时科技公司IT服务管理研究［D］.长沙:湖南大学,2007.

［23］吕渤海.基于IT治理的农业银行信息系统优化研究［D］.济南:山东大学,2012.

［24］吕远阳,刘凯强.高性能优化策略在商业银行科技系统中的探索与应用［J］.科技资讯,2017(33):18－19.

［25］马琳,宋俊德.开放平台:运营模式与技术架构研究综述［J］.电信科学,2012,28(6):125－140.

［26］马瑶.开放平台操作自动化系统在商业银行中的应用［J］.中国金融电脑,2010(9):59－61.

［27］彭莹.我国电子银行发展问题研究［D］.西安:西安电子科技大学,2007.

[28] 宋振华.虚拟化技术中的存储管理问题研究[D].合肥:中国科学技术大学,2010.

[29] 孙强.信息安全风险评估模型的定性与定量对比研究[J].微电子学与计算机,2010,27(6):92-96.

[30] 孙新峰.双机集群负载均衡及服务器虚拟化的设计及实现[D].济南:山东大学,2012.

[31] 汪志红.突发事件应急风险管理中的关键统计技术研究[D].广州:暨南大学,2011.

[32] 王军.跨部门项目团队管理研究[D].北京:北京邮电大学,2010.

[33] 王黎明.中国工商银行网上银行风险管理研究[D].成都:四川大学,2006.

[34] 王巍.虚拟化环境下的IT运维研究[D].济南:山东大学,2012.

[35] 王影.我国应急风险管理标准化研究[D].哈尔滨:哈尔滨工程大学,2011.

[36] 吴迪,贾卓生.基于工作流的项目流程化信息管理系统设计[J].计算机科学,2008,35(3):120-122.

[37] 吴延军.浅谈数据中心开放平台监控集成系统的设计[J].电脑开发与应用,2012(11):62-64.

[38] 肖斐.虚拟化云计算中资源管理的研究与实现[D].西安:西安电子科技大学,2010.

[39] 肖龙.信息系统风险分析与量化评估[D].成都:四川大学,2006.

[40] 徐雪峰.企业业务流程管理能力及其评价方法研究[D].长春:吉林大学,2007.

[41] 杨继华.信息安全风险评估模型及方法研究[D].西安:西安电子科技大学,2007.

[42] 杨烺.商业银行信息系统风险评估模型的设计与实现[D].长沙:湖南大学,2006.

[43] 杨涛.金融科技下的银行突围[J].中国金融,2017(17):28-30.

[44] 俞东慧.企业流程变革管理影响因素及其动态机制研究[D].上海:复旦大

学，2005.

[45] 张春，徐丽俊. 大型数据中心云计算应用实践与探索[J]. 中国金融电脑，2014(7):15-17.

[46] 张春，徐丽俊. 虚拟环境下的数据安全研究[J]. 金融电子化，2015(1):54-55.

[47] 张海龙. 应急风险管理关键问题研究[D]. 长春:吉林大学，2010.

[48] 张婧婧. VMware 虚拟化技术来架构企业数据中心[D]. 上海:复旦大学，2010.

[49] 张艳. 面向生命周期的产品结构与配置管理数据模型研究与实现[D]. 南京:南京航空航天大学，2005.

[50] 张友朋，丁志刚. 基于 ITIL 配置管理的研究与应用[J]. 计算机工程与设计，2010，31(9):2084-2088.

[51] Ahmed M. Mutahar，Norzaidi Mohd Daud，T. Ramayah，Osama Isaac，Ibrahim Alrajawy. Examining the Intention to Use Mobile Banking Services in Yemen: An Integrated Perspective of Technology Acceptance Model (TAM) with Perceived Risk and Self-Efficacy[J]. Asian Journal of Information Technology，2017，2(16):298-311.

[52] Anita K Pennathur. "Clicks and Bricks": e-Risk Management for Banks in the Age of the Internet[J]. Journal of Banking & Finance，2001，25(11): 2103-2123.

[53] Cousins T.J. Devising Post-Disaster Continuity Plans that Meet Actual Recovery Needs[J]. Technology and Society Magazine，2007，26(3): 13-23.

[54] Foreman，Colin. Banking industry prepared to take on fintech disruption: Manama is willing to accept the risks that financial technology brings so that the industry can grow[J]. MEED Business Review，2017，7(2):61-62.

［55］Hermann-Josef Lamberti，Matthias Büger. Lessons Learned：50 Years of Information Technology in the Banking Industry—The Example of Deutsche Bank AG［J］. Business & Information Systems Engineering，2009，1(1)：26－36.

［56］Joris Claessens，Valentin Dem. On the Security of Today's Online Electronic Banking Systems［J］. Computers & Security，2002，21(3)：253－265.

［57］Kaishun Wu，Jiang Xiao. Rethinking the Architecture Design of Data Center Networks［J］. Frontiers of Computer Science，2012，6(5)：596－603.

［58］Kansal，Purval. Perceived Risk and Technology Acceptance Model in Self-service Banking：A Study on the Nature of Mediation［J］.South Asian Journal of Management，2016，2(23)：51－71.

［59］Lijun Xu，Minrui Fei，T. C. Yang. Non-cooperative Game Model Based Bandwidth Scheduling and the Optimization of Quantum-Inspired Weight Adaptive PSO in a Networked Learning Control System［J］. Life System Modeling and Intelligent Computing，2010(98)：8－15.

［60］Ming Zhao，Jian Zhang，Renato J. Figueiredo. Distributed File System Virtualization Techniques Supporting On-Demand Virtual Machine Environments for Grid Computing［J］. Cluster Computing，2006，9(1)：45－56.

［61］Navin Sabharwal，Prashant Wali. Cloud Capacity Management［M］. New York：Apress，2013：123－130.

［62］Suryanarayan Mohapatra，Sabyasachi Das. Information Technology Outsourcing Risks in Banks：A Study of Perception in the Indian banking industry［J］. Vilakshan：The XIMB Journal of Management，2013，2(10)：61－72.

索　引